대한민국 조리기능장 고수가 만들었다
이 책의 1회독이 한방에 합격을 좌우한다

세계가 열광하는 K-food의 전문가
한식조리산업기사로부터 시작된다

2025 **2026** 2027

공단 출제기준

경록

한방에 합격하는 —

조리산업기사

공단 출제기준

한식 실기

임인숙 최미숙 임정숙 전언희

★★★★
합격비법
기출문제 공개

Smartphone 통

★★★
32개
메뉴별
레시피 공개

경록 홈페이지 접속

대한민국
1등
onlyone
1957~ 전통과 축적된 노하우
중앙일보·조선일보·한국일보
브랜드선호도
1위

SINCE1957

K 경록

책을 펴내며

　최근 K-POP과 K-드라마의 전 세계적 흥행에 힘입어 K-Food 열풍이 거세게 일고 있습니다. 불고기, 김치, 비빔밥을 넘어 다양한 한식이 세계인의 입맛을 사로잡으며, 우리 음식 문화의 위상 또한 크게 높아지고 있습니다. 이러한 흐름 속에서 한식의 본질을 이해하고 그 우수성을 널리 알릴 수 있는 전문 조리인의 역할은 그 어느 때보다 중요해졌습니다.

　음식은 단순한 생존 수단을 넘어 인류의 삶과 문화를 응축한 결과물입니다. 훌륭한 식재료 본연의 맛을 살리기 위해 요리인들이 기울여 온 끊임없는 노력과 연구는 오늘날에도 계속되고 있습니다. 한 나라의 음식은 세대를 거쳐 전승되며 고유한 문화를 형성하고, 나아가 그 집단의 생활 방식과 사고방식에도 깊은 영향을 미칩니다. 이제 음식은 한 사회를 이해하는 중요한 문화적 척도가 되었습니다.

　지난 40여 년 동안 음식 연구와 현장 경험을 쌓으며, 조리기능사·산업기사·기능장 실기시험 감독으로 활동한 노하우를 이 책에 담았습니다. 특히 수업 교재로도 활용할 수 있도록 상세하면서도 쉽게 설명하려고 노력했습니다. 아울러 2020년 하반기부터 공개된 산업기사 실기시험의 네 가지 작품을 효율적으로 준비할 수 있도록 핵심 조리 순서를 정리해 수록했습니다.

　아직 부족한 점이 많지만, 이 책이 한식조리산업기사 시험에 도전하는 모든 수험생께 든든한 길잡이가 되기를 바랍니다. 더 나아가 여러분이 합격의 기쁨을 누린다면 그것이야말로 저자들에게 더없는 보람이 될 것입니다.

　한식조리산업기사의 꿈을 키우는 독자 여러분,
　이 책이 여러분 곁에서 든든한 동반자가 되기를 진심으로 기원합니다.

저자 일동

차례

- 책을 펴내며 ………………………………………… 3
- 한식조리산업기사 시험안내 ……………………… 6
- 출제기준(필기) ……………………………………… 8
- 출제기준(실기) ……………………………………… 15
- 위생상태 및 안전관리 세부기준 안내 ………… 24
- 위생상태 및 안전관리에 대한 채점기준 안내 … 25
- 시험장 실기 준비물 ……………………………… 26
- 한식조리산업기사 채점기준표 ………………… 27

- 한식조리산업기사 합격비법 …………………… 28
- 한국음식문화의 특징 …………………………… 44
- 한국음식의 특징 ………………………………… 47

- 한식조리산업기사 레시피 ……………………… 63
- 수험자 유의사항 ………………………………… 64

과제 1형
- 1형 총재료목록 ………………………………… 65
- 1형 과제별 재료목록 …………………………… 66
- 비빔국수 ………………………………………… 67
- 두부전골 ………………………………………… 72
- 오이선 …………………………………………… 78
- 어채 ……………………………………………… 83

과제 2형
- 2형 총재료목록 ………………………………… 87
- 2형 과제별 재료목록 …………………………… 88
- 칼국수 …………………………………………… 89
- 구절판 …………………………………………… 94
- 사슬적 …………………………………………… 99
- 도라지정과 ……………………………………… 104

과제 3형
- 3형 총재료목록 ………………………………… 108
- 3형 과제별 재료목록 …………………………… 109
- 편수 ……………………………………………… 110
- 오이/고추소박이 ………………………………… 116
- 돼지갈비찜 ……………………………………… 122
- 율란/조란 ………………………………………… 127

과제 4형
- 4형 총재료목록 ·················· 132
- 4형 과제별 재료목록 ············ 133
- 만둣국 ··························· 134
- 밀쌈 ······························ 141
- 두부선 ··························· 146
- 3가지 나물(호박나물) ············ 152
- 3가지 나물(도라지나물) ········· 156
- 3가지 나물(시금치나물) ········· 159

과제 5형
- 5형 총재료목록 ·················· 162
- 5형 과제별 재료목록 ············ 163
- 규아상 ··························· 164
- 닭찜 ······························ 169
- 월과채 ··························· 174
- 모둠전 ··························· 180

과제 6형
- 6형 총재료목록 ·················· 186
- 6형 과제별 재료목록 ············ 187
- 어만두 ··························· 188
- 소고기편채 ······················ 193
- 오징어볶음 ······················ 198
- 튀김 ······························ 202

과제 7형
- 7형 총재료목록 ·················· 207
- 7형 과제별 재료목록 ············ 208
- 어선 ······························ 209
- 소고기전골 ······················ 214
- 보쌈김치 ························· 218
- 섭산삼 ··························· 223

과제 8형
- 8형 총재료목록 ·················· 227
- 8형 과제별 재료목록 ············ 228
- 오징어순대 ······················ 229
- 우엉잡채 ························· 234
- 제육구이 ························· 239
- 매작과 ··························· 242

- 레시피 요점정리 ················· 246
- 조리산업기사 과제현황 ········· 254

- 참고문헌 ························· 255
- 저자 프로필 ······················ 256

한식조리산업기사 시험안내

1. 한식조리산업기사 개요

외식산업이 점점 대형화·전문화하면서 조리업무 전반에 대한 기술·인력·경영관리를 담당할 전문 인력의 필요성이 커지고 있다. 이에 따라 정부는 기존의 기능만을 평가하는 조리기능사 자격으로는 외식산업발전에 한계가 있다고 보고 조리산업 중간관리자의 기술과 관리능력을 평가하는 조리산업 기사자격을 부여한다.

조리산업기사는 외식업체 등 조리산업 관련기관에서 조리업무가 효율적으로 이뤄질 수 있도록 관리하는 역할을 맡는다.

한식, 중식, 일식, 양식, 복어조리부문에 배속되어 제공될 음식에 대한 계획을 세우고 조리할 재료를 선정·구입·검수하고 선정된 재료를 적정한 조리기구를 사용하여 조리업무를 수행하며 또한 음식을 제공하는 장소에서 조리시설 및 기구를 위생적으로 관리·유지하고, 필요한 각종 재료를 구입, 위생학적·영양학적으로 저장 관리하면서 제공될 음식을 조리하여 제공하는 직종이다.

2. 수행직무

응시하고자 하는 종목에 관한 기술기초이론지식 또는 숙련기능을 바탕으로 복합적인 기능업무를 수행할 수 있는 능력의 유무이다.
  관련부처 : 식품의약품안전처
  시행기관 : 한국산업인력공단

3. 시험과목

(1) 필 기

① 식품위생 및 관련법규
② 식품학
③ 조리이론 및 급식관리
④ 공중보건학

(2) 실 기

한식조리 실무

4. 검정방법

(1) 필기

객관식 4지 택일형, 과목당 20문항(과목당 30분)

(2) 실기

작업형(2시간 정도)

5. 합격기준

(1) 필기

100점을 만점으로 과목당 40점 이상, 전과목 평균 60점 이상

(2) 실기

100점을 만점으로 하여 60점 이상

6. 응시자격

(1) 기능사 등급 이상의 자격취득 후 응시하고자 하는 동일 분야에서 1년 이상 실무에 종사한 자
(2) 조리관련분야의 다른 종목의 산업기사 등급 이상의 자격을 취득한 자
(3) 조리관련학과의 전문대 이상 졸업자 또는 그 졸업예정자
(4) 조리산업기사 수준의 기술훈련과정 이수자 또는 그 이수예정자
(5) 고용노동부령이 정하는 기능경기대회 입상자
(6) 조리산업기사분야에 2년 이상 실무에 종사한 자
(7) 외국에서 동일한 등급 및 종목에 해당하는 자격을 취득한 자

출제기준(필기)

직무분야	음식서비스	중직무분야	조리	자격종목	한식조리산업기사	적용기간	2025.1.1.~2027.12.31.

○ 직무내용 : 한식메뉴 계획에 따라, 식재료를 선정, 구매, 검수, 보관 및 저장하며, 맛과 영양을 고려하여 안전하고 위생적으로 음식을 조리하고 조리기구와 시설관리 및 급식·외식경영을 수행하는 직무이다.

필기검정방법	객관식	문제수	60	시험시간	1시간30분

필기과목명	문제수	주요항목	세부항목	세세항목
위생 및 안전관리	20	1 위생관리	1. 개인 위생관리	1. 위생관리기준 2. 식품위생에 관련된 질병
			2. 식품 위생관리	1. 미생물의 종류와 특성 2. 식품과 기생충질환 3. 살균 및 소독의 종류와 방법 4. 식품의 위생적 취급기준 5. 식품첨가물과 유해물질 혼입
			3. 작업장 위생관리	1. 작업장위생 및 위해요소 2. 해썹(HACCP) 관리기준 3. 작업장 교차오염발생요소 4. 식품위해요소 취급규칙 5. 위생적인 식품조리 6. 식품별 유통, 조리, 생산 시스템
			4. 식중독 관리	1. 세균성 및 바이러스성 식중독 2. 자연독 식중독 3. 화학적 식중독 4. 곰팡이 독소
			5. 식품위생 관계법규	1. 식품위생법 및 관계 법규 2. 식품 등의 표시·광고에 관한 법령

필기과목명	문제수	주요항목	세부항목	세세항목
	20	2 안전관리	1. 개인 안전관리	1. 개인 안전관리 점검표 2. 작업 안전관리 3. 개인 안전사고 예방 및 응급조치 4. 산업안전보건법
			2. 장비·도구 안전작업	1. 조리장비·도구의 종류와 특징, 용도 2. 조리장비·도구의 분해 및 조립 방법 3. 조리장비·도구 안전관리 지침 4. 조리장비·도구의 작동 원리 5. 주방도구 활용
			3. 작업환경 안전관리	1. 작업장 환경관리 2. 작업장 안전관리 3. 화재예방 및 화재진압 4. 유해, 위험, 화학물질 관리 5. 정기적 안전교육 실시
		3 공중 보건	1. 공중보건의 개념	1. 공중보건의 개념
			2. 환경위생 및 환경오염	1. 일광 2. 공기 및 대기오염 3. 상하수도, 오물처리 및 수질오염 4. 구충구서
			3. 산업보건관리	1. 산업보건의 개념과 직업병관리
			4. 역학 및 질병관리	1. 역학 일반 2. 급만성감염병관리 3. 생활습관병 및 만성질환
			5. 보건관리	1. 보건행정 및 보건통계 2. 인구와 보건 3. 보건영양 4. 모자보건, 성인 및 노인보건 5. 학교보건

필기과목명	문제수	주요항목	세부항목	세세항목
식재료관리 및 외식경영	20	1 재료관리	1. 저장 관리	1. 식재료 냉동·냉장·창고 저장관리 2. 식재료 건조창고 저장관리 3. 저장고 환경관리 4. 저장 관리의 원칙
			2. 재고 관리	1. 재료 재고 관리 2. 재료의 보관기간 관리 3. 상비량과 사용 시기 조절 4. 재료 유실방지 및 보안 관리
			3. 식재료의 성분	1. 수분 2. 탄수화물 3. 지질 4. 단백질 5. 무기질 6. 비타민 7. 식품의 색 8. 식품의 갈변 9. 식품의 맛과 냄새 10. 식품의 물성 11. 식품의 유독성분 12. 효소
			4. 식품과 영양	1 영양소의 기능 2 영양소 섭취기준
		2 조리외식경영	1. 조리외식의 이해	1. 조리외식산업의 개념 2. 조리외식산업의 분류 3. 외식산업 환경분석 기술
			2. 조리외식 경영	1. 서비스 경영 2. 외식소비자 관리 3. 서비스 매뉴얼 관리 4. 위기상황 예측 및 대처
			3. 조리외식 창업	1. 창업의 개념 2. 외식창업 경영 이론 3. 창업절차
한식조리	20	1 메뉴관리	1. 메뉴관리 계획	1. 메뉴 구성 2. 메뉴의 용어와 명칭 3. 계절별 메뉴 4. 메뉴조절, 관리

필기과목명	문제수	주요항목	세부항목	세세항목
한식조리	20	1 메뉴관리	2. 메뉴 개발	1. 시장상황과 흐름에 관한 변화분석 2. 메뉴 분석기법 및 메뉴구성 3. 플레이팅 기법과 개념
			3. 메뉴원가 계산	1. 메뉴 품목별 판매량 및 판매가 2. 표준분량크기 3. 식재료 원가 계산 4. 재무제표 5. 대차대조표 6. 손익 분기점
		2 구매관리	1. 시장 조사	1. 재료구매계획 수립 2. 식재료, 조리기구의 유통·공급환경 3. 재료수급, 가격변동에 의한 공급처 대체
			2. 구매관리	1. 공급업체 선정 및 구매 2. 육류의 등급별, 산지, 품종별 차이 3. 어패류의 종류와 품질 4. 채소, 과일류의 종류와 품질 5. 구매관리 관련 서식
			3. 검수관리	1. 식재료 선별 및 검수 2. 검수관리 관련 서식
		3 재료준비	1. 재료준비	1. 재료의 선별 2. 재료의 종류 3. 재료의 조리 특성 및 방법 4. 조리과학 및 기본 조리조작 5. 조리도구의 종류와 용도 6. 작업장의 동선 및 설비 관리
			2. 재료의 조리원리	1. 농산물의 조리 및 가공·저장 2. 축산물의 조리 및 가공·저장 3. 수산물의 조리 및 가공·저장 4. 유지 및 유지 가공품 5. 냉동식품의 조리 6. 조미료와 향신료
			3. 식생활 문화	1. 한식의 음식 문화와 배경 2. 한식의 분류 3. 한식의 특징 및 용어

필기과목명	문제수	주요항목	세부항목	세세항목
한식조리	20	4 한식 면류조리	1. 면류 조리	1. 용도에 따른 육수의 종류 2. 육수 제조 방법과 보관 3. 면 조리 원리 4. 고명의 종류 5. 면류/만두 종류와 만들기 6. 면 삶기 및 끓이기 7. 면의 종류에 따른 양념장 만들기
			2. 면류 담기	1. 조리형태에 따른 그릇 선택 2. 요리 종류에 따른 냉·온 선택 3. 면류 종류에 따른 곁들임 장과 고명
		5 한식 찜·선 조리	1. 찜·선 조리	1. 찜·선 조리 지식 2. 부재료와 고명의 종류 3. 찜·선 종류와 만들기 4. 찜·선 종류에 따른 양념장 만들기
			2. 찜·선 담기	1. 조리형태에 따른 그릇 선택 2. 요리 종류에 따른 냉·온 선택 3. 찜·선 곁들임 장과 고명
		6 한식 구이조리	1. 구이 조리	1. 구이 재료 특성에 따른 조리법 2. 구이 종류에 따른 재료와 양념 3. 구이의 조리과정과 색, 형태 유지 4. 구이 종류에 따른 도구 선택
			2. 구이 담기	1. 구이 종류에 따른 온도, 색, 풍미 유지 2. 구이 종류에 따른 그릇 3. 구이 종류에 따른 곁들임 장과 고명
		7 김치조리	1. 김치 양념배합	1. 김치 종류와 저장기간에 따른 양념 배합 2. 젓갈의 종류 3. 재료의 특성에 따른 활용
			2. 김치 조리	1. 김치 종류와 특성 2. 종류에 따른 국물 양 조절 3. 숙성 온도와 숙성 기간 4. 조리과학적 지식
			3. 김치 담기	1. 김치 종류에 따른 온도, 색, 풍미 유지 2. 김치 종류에 따른 그릇 3. 김치 종류에 따른 고명
		8 한식 전골조리	1. 전골 조리	1. 전골 재료 특성에 따른 조리법 2. 전골 종류에 따른 재료와 양념 3. 전골 조리과정 중의 물리화학적 변화 4. 전골의 색, 형태 유지

필기과목명	문제수	주요항목	세부항목	세세항목
한식조리	20	8 한식 전골조리	2. 전골 담기	1. 전골 종류에 따른 온도, 색, 풍미 유지 2. 전골 종류에 따른 그릇 3. 전골 종류에 따른 곁들임 장과 고명
		9 한식 볶음조리	1. 볶음 조리	1. 볶음 재료 특성에 따른 조리법 2. 볶음 종류에 따른 재료와 양념 3. 볶음 조리과정 중의 물리화학적 변화 4. 볶음의 색, 형태 유지 5. 볶음 종류에 따른 도구 선택
			2. 볶음 담기	1. 볶음 종류에 따른 온도, 색, 풍미 유지 2. 볶음 종류에 따른 그릇 3. 볶음 종류에 따른 곁들임 장과 고명
		10 한식 튀김조리	1. 튀김 조리	1. 튀김 재료 특성에 따른 조리법 2. 튀김 종류에 따른 재료와 양념 3. 튀김 조리과정 중의 물리화학적 변화 4. 튀김의 색, 형태 유지 5. 튀김 종류에 따른 도구 선택
			2. 튀김 담기	1. 튀김 종류에 따른 온도, 색, 풍미 유지 2. 튀김 종류에 따른 그릇 3. 튀김 종류에 따른 곁들임 장과 고명
		11 한식 숙채조리	1. 숙채 조리하기	1. 숙채 재료 특성에 따른 조리법 2. 숙채 종류에 따른 재료와 양념 3. 숙채 조리과정 중의 물리화학적 변화
			2. 숙채 담기	1. 숙채 종류에 따른 온도, 색, 풍미, 신선도 유지 2. 숙채 종류에 따른 그릇 3. 숙채 종류에 따른 곁들임 장과 고명
		12 한과조리	1. 한과 재료 배합	1. 한과의 종류 2. 발색 재료의 특성 3. 주재료와 부재료의 특성과 배합
			2. 한과 조리	1. 재료 반죽 2. 모양 만들기 3. 종류에 따른 조리법 4. 꿀, 설탕시럽 조리와 활용법 5. 한과 조리과정 중의 물리화학적 변화
			3. 한과 담기	1. 한과 종류에 따른 온도, 색, 풍미, 신선도 유지 2. 한과 종류에 따른 그릇 3. 한과 종류에 따른 고명

필기과목명	문제수	주요항목	세부항목	세세항목
		13 음청류조리	1. 음청류 조리	1. 음청류 재료 특성에 따른 조리법 2. 음청류의 종류 3. 음청류 조리과정 중의 물리화학적 변화 4. 음청류의 색, 형태 유지 5. 음청류 종류에 따른 도구 선택
			2. 음청류 담기	1. 음청류 종류에 따른 온도, 색, 풍미, 신선도 유지 2. 음청류 종류에 따른 그릇 3. 음청류 종류에 따른 고명
		14 한식 국·탕 조리	1. 국·탕 조리	1. 국·탕 재료 특성에 따른 조리법 2. 국·탕 종류에 따른 재료와 양념 3. 국·탕 조리과정 중의 물리화학적 변화 4. 국·탕의 색, 형태 유지
			2. 국·탕 담기	1. 국·탕 종류에 따른 온도, 색, 풍미 유지 2. 국·탕 종류에 따른 그릇 3. 국·탕 종류에 따른 국물 양 조절과 고명
		15 한식 전·적 조리	1. 전·적조리	1. 전·적 재료 특성에 따른 조리법 2. 전·적 종류에 따른 재료와 양념 3. 전·적의 조리과정과 색, 형태 유지 4. 전·적 종류에 따른 도구 선택
			2. 전·적담기	1. 전·적 종류에 따른 온도, 색, 풍미 유지 2. 전·적 종류에 따른 그릇 3. 전·적 종류에 따른 곁들임 장과 고명

출제기준(실기)

직무분야	음식서비스	중직무분야	조리	자격종목	한식조리산업기사	적용기간	2025.1.1. ~ 2027.12.31.

○ 직무내용 : 한식메뉴 계획에 따라, 식재료를 선정, 구매, 검수, 보관 및 저장하며, 맛과 영양을 고려하여 안전하고 위생적으로 음식을 조리하고 조리기구와 시설관리 및 급식·외식경영을 수행하는 직무이다.

○ 수행준거 :
1. 밀가루나 쌀가루, 메밀가루, 전분 가루를 사용하여 국수, 만두, 냉면 등을 조리할 수 있다.
2. 육류, 생선류, 가금류, 채소류 등에 양념을 하여 국물을 붓고 무르게 끓이거나 쪄서 형태를 유지하게 조리할 수 있다.
3. 육류, 어패류, 채소류, 버섯류 등의 재료를 소금이나 양념장에 재워 직접, 간접 화력으로 익혀낼 수 있다.
4. 무, 배추, 오이 등과 같은 채소를 소금이나 장류에 절여 고추, 파, 마늘, 생강 등 여러 가지 양념에 버무려 숙성시켜 저장성을 갖는 발효식품을 만들 수 있다.
5. 음식조리 작업에 필요한 위생관련지식을 이해하고 주방의 청결상태와 개인위생·식품위생을 관리하여 전반적인 조리작업을 위생적으로 수행할 수 있다.
6. 조리사가 주방에서 일어날 수 있는 사고와 재해에 대하여 안전기준 확인, 안전수칙 준수, 안전예방 활동을 할 수 있다.
7. 계절·장소·목적 등에 따라 메뉴를 구성하고, 개발하며 메뉴관리를 할 수 있다.
8. 육류, 채소류, 버섯류, 해산물류를 용도에 맞게 썰어 양념한 뒤 건더기가 잠길 정도로 육수나 국물을 부어 함께 끓여낼 수 있다.
9. 육류, 어패류, 채소류 등에 간장이나 고추장 양념을 넣어 재료에 맛이 충분히 배이도록 볶음조리를 할 수 있다.
10. 육류, 어패류, 채소류 등의 재료를 밀가루 등의 반죽옷을 입혀 기름에 튀겨 조리할 수 있다.
11. 채소를 손질하여 물에 데치거나 삶아 양념으로 무치거나 볶아서 조리할 수 있다.
12. 곡물에 꿀, 엿, 설탕 등을 넣어 반죽하여 기름에 지지거나 또는 과일, 열매 등을 조려서 유밀과 유과, 정과, 숙실과, 강정 등을 조리할 수 있다.
13. 후식 또는 기호성 식품으로서 향약재, 과일, 열매, 꽃, 잎, 곡물 등으로 화채, 식혜, 수정과, 숙수, 수단, 갈수 등을 조리할 수 있다.
14. 육류나 어류 등에 물을 많이 붓고 오래 끓이거나 육수를 만들어 채소나 해산물, 육류 등을 넣어 조리할 수 있다.
15. 육류, 어패류, 채소류 등의 재료를 익기 쉽게 썰고 그대로 혹은 꼬치에 꿰어서 밀가루와 달걀물을 입힌 후 기름을 두르고 지져 조리할 수 있다.

실기검정방법	작업형	시험시간	2시간 정도

실기과목명	주요항목	세부항목	세세항목
한식조리실무	1 한식 위생관리	1. 개인위생 관리하기	1. 위생관리기준에 따라 조리복, 조리모, 앞치마, 조리안전화 등을 착용할 수 있다. 2. 두발, 손톱, 손 등 신체청결을 유지하고 작업수행 시 위생습관을 준수할 수 있다. 3. 근무 중의 흡연, 음주, 취식 등에 대한 작업장 근무수칙을 준수할 수 있다. 4. 위생관련법규에 따라 질병, 건강검진 등 건강상태를 관리하고 보고할 수 있다.
		2. 식품위생 관리하기	1. 식품의 유통기한·품질 기준을 확인하여 위생적인 선택을 할 수 있다. 2. 채소·과일의 농약 사용여부와 유해성을 인식하고 세척할 수 있다. 3. 식품의 위생적 취급기준을 준수할 수 있다. 4. 식품의 반입부터 저장, 조리과정에서 유독성, 유해물질의 혼입을 방지할 수 있다.
		3. 주방위생 관리하기	1. 주방 내에서 교차오염 방지를 위해 조리생산 단계별 작업공간을 구분하여 사용할 수 있다. 2. 주방위생에 있어 위해요소를 파악하고, 예방할 수 있다. 3. 주방, 시설 및 도구의 세척, 살균, 해충·해서 방제작업을 정기적으로 수행할 수 있다. 4. 시설 및 도구의 노후상태나 위생상태를 점검하고 관리할 수 있다. 5. 식품이 조리되어 섭취되는 전 과정의 주방 위생상태를 점검하고 관리할 수 있다. 6. HACCP적용 업장의 경우 HACCP관리기준에 의해 관리할 수 있다.
	2 한식 안전관리	1. 개인안전 관리하기	1. 안전관리 지침서에 따라 개인 안전관리 점검표를 작성할 수 있다. 2. 개인안전사고 예방을 위해 도구 및 장비의 정리정돈을 상시 할 수 있다. 3. 주방에서 발생하는 개인 안전사고의 유형을 숙지하고 예방을 위한 안전수칙을 지킬 수 있다. 4. 주방 내 필요한 구급품이 적정 수량 비치되었는지 확인하고 개인 안전 보호 장비를 정확하게 착용하여 작업할 수 있다. 5. 개인이 사용하는 칼에 대해 사용안전, 이동안전, 보관안전을 수행할 수 있다. 6. 개인의 화상사고, 낙상사고, 근육팽창과 골절사고, 절단사고, 전기기구에 의한 전기 쇼크 사고, 화재사고와 같은 사고 예방을 위해 주의사항을 숙지하고 실천할 수 있다. 7. 개인 안전사고 발생 시 신속 정확한 응급조치를 실시하고 재발 방지 조치를 실행할 수 있다.

실기과목명	주요항목	세부항목	세세항목
	2 한식안전관리	2. 장비·도구 안전작업하기	1. 조리장비·도구에 대한 종류별 사용방법에 대해 주의사항을 숙지할 수 있다. 2. 조리장비·도구를 사용 전 이상 유무를 점검할 수 있다. 3. 안전 장비 류 취급 시 주의사항을 숙지하고 실천 할 수 있다. 4. 조리장비·도구를 사용 후 전원을 차단하고 안전수칙을 지키며 분해하여 청소 할 수 있다. 5. 무리한 조리장비·도구 취급은 금하고 사용 후 일정한 장소에 보관하고 점검할 수 있다. 6. 모든 조리장비·도구는 반드시 목적 이외의 용도로 사용하지 않고 규격품을 사용할 수 있다.
		3. 작업환경 안전관리하기	1. 작업환경 안전관리 시 작업환경 안전관리 지침서를 작성할 수 있다. 2. 작업환경 안전관리 시 작업장주변 정리 정돈 등을 관리 점검할 수 있다. 3. 작업환경 안전관리 시 제품을 제조하는 작업장 및 매장의 온·습도관리를 통하여 안전사고요소 등을 제거할 수 있다. 4. 작업장 내의 적정한 수준의 조명과 환기, 이물질, 미끄럼 및 오염을 방지할 수 있다. 5. 작업환경에서 필요한 안전관리시설 및 안전용품을 파악하고 관리할 수 있다. 6. 작업환경에서 화재의 원인이 될 수 있는 곳을 자주 점검하고 화재진압기를 배치하고 사용할 수 있다. 7. 작업환경에서의 유해, 위험, 화학물질을 처리기준에 따라 관리할 수 있다. 8. 법적으로 선임된 안전관리책임자가 정기적으로 안전교육을 실시하고 이에 참여할 수 있다.
	3 한식메뉴관리	1. 메뉴관리 계획하기	1. 균형 잡힌 식단 구성 방식을 감안하여 메뉴를 구성할 수 있다. 2. 원가, 식재료, 시설용량, 경제성을 감안하여 메뉴 구성을 조정할 수 있다. 3. 메뉴의 식재료, 조리방법, 메뉴 명, 메뉴판 작성 등 사용되는 용어와 명칭을 정확히 구분하고 사용할 수 있다. 4. 수익성과 선호도에 따른 메뉴 엔지니어링을 할 수 있다. 5. 공헌이익을 높일 수 있는 메뉴구성을 할 수 있다.

실기과목명	주요항목	세부항목	세세항목
	3 한식메뉴관리	2. 메뉴 개발하기	1. 고객의 수요예측, 수익성, 이용 가능한 식자재, 조리설비, 메뉴의 다양성, 영양적 요소를 파악할 수 있다. 2. 고객의 식습관과 선호도에 미치는 경제적, 사회적, 지역적, 그리고 형태적 영향을 파악하고 활용할 수 있다. 3. 주방에서 보유한 조리기구의 특성을 이해하고, 메뉴의 영양적 요소와 설명을 제시할 수 있다. 4. 지역적 위치와 고객수준 등을 고려한 입지분석과 계층분석을 할 수 있다. 5. 식재료 전반에 관한 등 외부적인 환경을 파악하여 메뉴를 개발할 수 있다.
		3. 메뉴원가 계산하기	1. 실제원가를 일 단위, 월 단위로 계산하며, 이에 대한 의사결정을 할 수 있다. 2. 원가, 식재료, 시설용량, 경제성을 감안하여 메뉴 구성을 할 수 있다. 3. 당일 식료수입과 재료에 대한 현황을 파악하여 실제원가를 알 수 있다. 4. 당일 매출 보고서를 이해하고 매출에 대한 재료비율을 산출할 수 있다. 5. 부분별 재료 산입산출에 의한 품목별 단위원가를 산출하여 총원가를 계산할 수 있다.
	4 한식면류조리	1. 면류 재료 준비하기	1. 면 조리(국수, 만두, 냉면)종류에 따라 재료를 준비할 수 있다. 2. 조리에 사용하는 재료를 필요량에 맞게 계량할 수 있다. 3. 부재료는 조리법에 맞게 전 처리할 수 있다. 4. 찬물에 육수 재료를 넣고 면 조리의 종류에 맞게 화력과 시간을 조절하여 육수를 만들 수 있다. 5. 가루를 분량대로 섞어 반죽할 수 있다. 6. 사용 시점, 조리법에 따라 숙성, 보관할 수 있다. 7. 손이나 기계를 사용하여 용도에 맞게 면이나 만두피를 만들 수 있다.
		2. 면류 조리하기	1. 면 종류에 따라 삶거나 끓일 수 있다. 2. 만두는 만두피에 소를 넣어 조리법에 따라 빚을 수 있다. 3. 부재료를 조리법에 따라 조리할 수 있다. 4. 면 종류에 따라 양념장을 만들어 비비거나 용도에 맞게 활용할 수 있다. 5. 면의 종류에 따라 어울리는 고명을 만들 수 있다.
		3. 면류 담기	1. 조리종류와 색, 형태, 인원수, 분량 등을 고려하여 그릇을 선택할 수 있다. 2. 요리 종류에 따라 냉·온으로 제공할 수 있다. 3. 필요한 경우 양념장과 고명을 얹거나 따로 제공할 수 있다.

실기과목명	주요항목	세부항목	세세항목
	5 한식 찜·선 조리	1. 찜·선 재료 준비하기	1. 찜·선의 조리종류에 따라 도구와 재료를 준비할 수 있다. 2. 조리에 사용하는 재료를 필요량에 맞게 계량할 수 있다. 3. 재료에 따라 요구되는 전 처리를 수행할 수 있다. 4. 찜·선의 조리법에 따라 크기와 용도를 고려하여 재료를 썰 수 있다. 5. 양념장 재료를 비율대로 혼합, 조절하여 용도에 맞게 활용할 수 있다.
		2. 찜·선 조리하기	1. 조리법에 따라 재료를 양념하여 재워둘 수 있다. 2. 조리법에 따라 재료에 양념장과 물을 넣고 끓여 만들 수 있다. 3. 조리법에 따라 재료에 양념을 하여 찜통에 쪄서 만들 수 있다. 4. 조리법에 따라 재료를 볶아 만들 수 있다. 5. 찜·선 종류와 재료에 따라 가열시간과 화력을 조절하여 재료 고유의 색, 형태를 유지할 수 있다. 6. 찜·선에 어울리는 고명을 만들 수 있다.
		3. 찜·선 담기	1. 조리종류와 색, 형태, 인원수, 분량 등을 고려하여 그릇을 선택할 수 있다. 2. 찜·선의 종류에 따라 국물을 자작하게 담아낼 수 있다. 3. 찜·선의 종류에 따라 고명을 올릴 수 있다. 4. 찜·선의 종류에 따라 겨자장, 초간장 등을 곁들일 수 있다.
	6 한식구이조리	1. 구이 재료 준비하기	1. 구이의 종류에 맞추어 도구와 재료를 준비할 수 있다. 2. 조리에 사용하는 재료를 필요량에 맞게 계량할 수 있다. 3. 재료에 따라 요구되는 전 처리를 수행할 수 있다. 4. 양념장 재료를 비율대로 혼합, 조절할 수 있다. 5. 필요에 따라 양념장을 숙성할 수 있다.
		2. 구이 조리하기	1. 구이종류에 따라 유장처리나 양념을 할 수 있다. 2. 구이종류에 따라 초벌구이를 할 수 있다. 3. 온도와 불의 세기를 조절하여 익힐 수 있다. 4. 구이의 색, 형태를 유지할 수 있다.
		3. 구이 담기	1. 조리종류와 색, 형태, 인원수, 분량 등을 고려하여 그릇을 선택할 수 있다. 2. 조리한 음식을 부서지지 않게 담을 수 있다. 3. 구이 종류에 따라 따뜻한 온도를 유지하여 담을 수 있다. 4. 조리종류에 따라 고명으로 장식할 수 있다.

실기과목명	주요항목	세부항목	세세항목
	7 김치조리	1. 김치 재료준비 하기	1. 김치의 종류에 맞추어 도구와 재료를 준비할 수 있다. 2. 김치에 사용하는 재료를 필요량에 맞게 계량 할 수 있다. 3. 재료에 따라 요구되는 전 처리를 수행 할 수 있다. 4. 배추나 무 등의 김치 재료를 적정한 시간과 염도에 맞춰 절일 수 있다.
		2. 김치 양념배합 하기	1. 김치종류에 따른 양념 재료를 비율대로 혼합, 조절할 수 있다. 2. 김치종류, 저장기간에 따라 양념의 비율을 조절할 수 있다. 3. 양념을 용도에 맞게 활용할 수 있다.
		3. 김치 조리하기	1. 김치의 특성에 맞도록 주재료에 부재료와 양념의 비율을 조절하여 소를 넣거나 버무릴 수 있다. 2. 김치의 종류에 따라 국물의 양을 조절할 수 있다. 3. 온도와 시간을 조절하여 숙성하여 보관할 수 있다.
		4. 김치 담기	1. 김치의 종류에 따라 다양한 그릇을 선택할 수 있다. 2. 적정한 온도를 유지하도록 담을 수 있다. 3. 김치의 종류에 따라 조화롭게 담아낼 수 있다.
	8 한식전골조리	1. 전골 재료준비 하기	1. 조리 종류에 따라 도구와 재료를 준비할 수 있다. 2. 조리에 사용하는 재료를 필요량에 맞게 계량 할 수 있다. 3. 재료에 따라 요구되는 전 처리를 수행 할 수 있다. 4. 찬물에 육수 재료를 넣고 부유물을 제거하며 육수를 끓일 수 있다. 5. 사용시점에 맞춰 냉, 온으로 보관할 수 있다.
		2. 전골 조리하기	1. 채소류 중 단단한 재료는 데치거나 삶아서 사용할 수 있다. 2. 조리법에 따라 재료는 전을 부치거나 양념하여 밑간할 수 있다. 3. 전 처리한 재료를 그릇에 가지런히 담을 수 있다. 4. 전골 양념장과 육수는 필요량에 따라 조절할 수 있다.
		3. 전골 담기	1. 조리종류와 색, 형태, 인원수, 분량 등을 고려하여 그릇을 선택할 수 있다. 2. 조리 특성에 맞게 건더기와 국물의 양을 조절할 수 있다. 3. 온도를 뜨겁게 유지하여 제공할 수 있다.

실기과목명	주요항목	세부항목	세세항목
	9 한식볶음조리	1. 볶음 재료 준비하기	1. 볶음조리에 따라 도구와 재료를 준비할 수 있다 2. 조리에 사용하는 재료를 필요량에 맞게 계량할 수 있다. 3. 볶음조리의 재료에 따라 전 처리를 수행할 수 있다. 4. 양념장 재료를 비율대로 혼합, 조절하여 만들 수 있다. 5. 필요에 따라 양념장을 숙성할 수 있다.
		2. 볶음 조리하기	1. 조리종류에 따라 준비한 도구에 재료와 양념장을 넣어 기름으로 볶을 수 있다. 2. 재료와 양념장의 비율, 첨가 시점을 조절할 수 있다. 3. 재료가 눌어붙거나 모양이 흐트러지지 않게 화력을 조절하여 익힐 수 있다.
		3. 볶음 담기	1. 조리종류와 색, 형태, 인원수, 분량 등을 고려하여 그릇을 선택할 수 있다. 2. 그릇형태에 따라 조화롭게 담아낼 수 있다. 3. 볶음조리에 따라 고명을 얹어 낼 수 있다.
	10 한식튀김조리	1. 튀김 재료 준비하기	1. 튀김 조리종류에 따라 도구와 재료를 준비할 수 있다. 2. 조리에 사용하는 재료를 필요량에 맞게 계량할 수 있다 3. 튀김의 종류에 맞추어 재료를 전 처리하여 준비할 수 있다.
		2. 튀김 조리하기	1. 밀가루, 달걀 등의 재료를 섞어 반죽옷 농도를 맞출 수 있다. 2. 조리의 종류에 따라 속 재료 및 혼합재료 등을 만들 수 있다. 3. 재료와 조리법에 따라 기름의 종류·양과 온도를 조절하여 튀길 수 있다.
		3. 튀김 담기	1. 조리종류와 색, 형태, 인원수, 분량 등을 고려하여 그릇을 선택할 수 있다. 2. 튀김은 기름을 제거하여 담아 낼 수 있다. 3. 튀김 조리를 따뜻한 온도, 색, 풍미를 유지하여 담아낼 수 있다.
	11 한식숙채조리	1. 숙채 재료 준비하기	1. 숙채의 종류에 맞추어 도구와 재료를 준비할 수 있다. 2. 조리에 사용하는 재료를 필요량에 맞게 계량할 수 있다. 3. 재료에 따라 요구되는 전 처리를 수행할 수 있다.
		2. 숙채 조리하기	1. 양념장 재료를 비율대로 혼합, 조절할 수 있다. 2. 조리법에 따라서 삶거나 데칠 수 있다. 3. 양념이 잘 배합되도록 무치거나 볶을 수 있다.
		3. 숙채 담기	1. 조리종류와 색, 형태, 인원수, 분량 등을 고려하여 그릇을 선택할 수 있다. 2. 숙채의 색, 형태, 재료, 분량을 고려하여 그릇에 담아낼 수 있다. 3. 조리종류에 따라 고명을 올리거나 양념장을 곁들일 수 있다.

실기과목명	주요항목	세부항목	세세항목
	12 한과 조리	1. 한과 재료 준비하기	1. 한과의 종류에 맞추어 도구와 재료를 준비할 수 있다. 2. 한과에 사용하는 재료를 필요량에 맞게 계량 할 수 있다. 3. 재료에 따라 요구되는 전 처리를 수행 할 수 있다.
		2. 한과 조리하기	1. 한과제조에 필요한 재료를 반죽할 수 있다. 2. 한과의 종류에 따라 모양을 만들 수 있다. 3. 한과의 종류에 따라 조리법을 달리하여 조리 할 수 있다. 4. 꿀이나 설탕시럽에 담가둔 후 꺼내거나 끼얹을 수 있다. 5. 고명을 사용하여 장식할 수 있다.
		3. 한과 담기	1. 조리종류와 색, 형태, 인원수, 분량 등을 고려하여 그릇을 선택할 수 있다. 2. 색과 모양의 조화를 맞춰 담아낼 수 있다. 3. 한과 종류에 따라 보관과 저장을 할 수 있다.
	13 음청류 조리	1. 음청류 재료 준비하기	1. 음청류의 종류에 맞추어 도구와 재료를 준비할 수 있다. 2. 조리에 사용하는 재료를 필요량에 맞게 계량 할 수 있다. 3. 재료에 따라 요구되는 전 처리를 수행 할 수 있다.
		2. 음청류 조리하기	1. 음청류의 주재료와 부재료를 배합할 수 있다. 2. 음청류 종류에 따라 끓이거나 우려낼 수 있다. 3. 음청류에 띄울 과일, 꽃, 보리, 떡수단, 원소병 재료 등을 조리법대로 준비할 수 있다. 4. 끓이거나 우려낸 국물에 당도를 맞출 수 있다. 5. 음청류의 종류에 따라 냉, 온으로 보관할 수 있다.
		3. 음청류 담기	1. 조리종류와 색, 형태, 인원수, 분량 등을 고려하여 그릇을 선택할 수 있다. 2. 그릇에 준비한 재료와 국물을 비율에 맞게 담을 수 있다. 3. 음청류에 따라 고명을 사용할 수 있다.
	14 한식 국·탕 조리	1. 국·탕 재료 준비하기	1. 조리 종류에 맞추어 도구와 재료를 준비할 수 있다. 2. 조리에 사용하는 재료를 필요량에 맞게 계량할 수 있다. 3. 재료에 따라 요구되는 전 처리를 수행할 수 있다. 4. 찬물에 육수재료를 넣고 끓이는 시간과 불의 강도를 조절할 수 있다. 5. 끓이는 중 부유물을 제거하여 맑은 육수를 만들 수 있다. 6. 육수의 종류에 따라 냉, 온 으로 보관할 수 있다.
		2. 국·탕 조리하기	1. 물이나 육수에 재료를 넣어 끓일 수 있다. 2. 부재료와 양념을 적절한 시기와 분량에 맞춰 첨가할 수 있다. 3. 조리종류에 따라 끓이는 시간과 화력을 조절할 수 있다. 4. 국·탕의 품질을 판정하고 간을 맞출 수 있다.
		3. 국·탕 담기	1. 조리종류와 색, 형태, 인원수, 분량 등을 고려하여 그릇을 선택할 수 있다. 2. 국·탕은 조리종류에 따라 온·냉 온도로 제공할 수 있다. 3. 국·탕은 국물과 건더기의 비율에 맞게 담아낼 수 있다. 4. 국·탕의 종류에 따라 고명을 활용할 수 있다.

실기과목명	주요항목	세부항목	세세항목
	15 한식 전·적 조리	1. 전·적 재료 준비하기	1. 전·적의 조리종류에 따라 도구와 재료를 준비할 수 있다. 2. 조리에 사용하는 재료를 필요량에 맞게 계량할 수 있다. 3. 전·적의 종류에 따라 재료를 전 처리하여 준비할 수 있다.
		2. 전·적 조리하기	1. 밀가루, 달걀 등의 재료를 섞어 반죽 물 농도를 맞출 수 있다. 2. 조리의 종류에 따라 속 재료 및 혼합재료 등을 만들 수 있다. 3. 주재료에 따라 소를 채우거나 꼬치를 활용하여 전·적의 형태를 만들 수 있다. 4. 재료와 조리법에 따라 기름의 종류·양과 온도를 조절하여 지져 낼 수 있다.
		3. 전·적 담기	1. 조리종류와 색, 형태, 인원수, 분량 등을 고려하여 그릇을 선택할 수 있다. 2. 전·적의 조리는 기름을 제거하여 담아 낼 수 있다. 3. 전·적 조리를 따뜻한 온도, 색, 풍미를 유지하여 담아낼 수 있다.

위생상태 및 안전관리 세부기준 안내

순번	구분	세부 기준
1	위생복 상의	• 전체 흰색, 손목까지 오는 긴소매 – 조리과정에서 발생 가능한 안전사고(화상 등) 예방 및 식품위생(체모 유입방지, 오염도 확인 등) 관리를 위한 기준 적용 – 조리과정에서 편의를 위해 소매를 접어 작업하는 것은 허용 – 부직포, 비닐 등 화재에 취약한 재질이 아닐 것, 팔토시는 긴팔로 불인정 • 상의 여밈은 위생복에 부착된 것이어야 하며 벨크로(일명 찍찍이), 단추 등의 크기, 색상, 모양, 재질은 제한하지 않음(단, 핀 등 별도 부착한 금속성은 제외)
2	위생복 하의	• 색상·재질무관, 안전과 작업에 방해가 되지 않는 긴바지 – 조리기구 낙하, 화상 등 안전사고 예방을 위한 기준 적용
3	위생모	• 전체 흰색, 빈틈이 없고 바느질 마감처리가 되어 있는 일반 조리장에서 통용되는 위생모 (모자의 크기, 길이, 모양, 재질(면, 부직포 등) 은 무관)
4	앞치마	• 전체 흰색, 무릎아래까지 덮이는 길이 – 상하일체형(목끈형) 가능, 부직포·비닐 등 화재에 취약한 재질이 아닐 것
5	마스크 (입가리개)	• 침액을 통한 위생상의 위해 방지용으로 종류는 제한하지 않음 (단, 감염병 예방법에 따라 마스크 착용 의무화 기간에는 '투명 위생 플라스틱 입가리개'는 마스크 착용으로 인정하지 않음)
6	위생화 (작업화)	• 색상 무관, 굽이 높지 않고 발가락·발등·발뒤꿈치가 덮여 안전사고를 예방할 수 있는 깨끗한 운동화 형태
7	장신구	• 일체의 개인용 장신구 착용 금지(단, 위생모 고정을 위한 머리핀 허용)
8	두발	• 단정하고 청결할 것, 머리카락이 길 경우 흘러내리지 않도록 머리망을 착용하거나 묶을 것
9	손 / 손톱	• 손에 상처가 없어야 하나, 상처가 있을 경우 보이지 않도록 할 것 (시험위원 확인 하에 추가 조치 가능) • 손톱은 길지 않고 청결하며 매니큐어, 인조손톱 등을 부착하지 않을 것
10	폐식용유 처리	• 사용한 폐식용유는 시험위원이 지시하는 적재장소에 처리할 것
11	교차오염	• 교차오염 방지를 위한 칼, 도마 등 조리기구 구분 사용은 세척으로 대신하여 예방할 것 • 조리기구에 이물질(예, 테이프)을 부착하지 않을 것
12	위생관리	• 재료, 조리기구 등 조리에 사용되는 모든 것은 위생적으로 처리 하여야 하며, 조리용으로 적합한 것일 것
13	안전사고 발생 처리	• 칼 사용(손 벰) 등으로 안전사고 발생 시 응급조치를 하여야 하며, 응급조치에도 지혈이 되지 않을 경우 시험진행 불가
14	눈금표시 조리도구	• 눈금표시된 조리기구 사용 허용(실격 처리되지 않음, 2022년부터 적용) (단, 눈금표시에 재어가며 재료를 쓰는 조리작업은 조리기술 및 숙련도 평가에 반영)
15	부정 방지	• 위생복, 조리기구 등 시험장내 모든 개인물품에는 수험자의 소속 및 성명 등의 표식이 없을 것 (위생복의 개인 표식 제거는 테이프로 부착 가능)
16	테이프사용	• 위생복 상의, 앞치마, 위생모의 소속 및 성명을 가리는 용도로만 허용

※ 위 내용은 안전관리인증기준(HACCP) 평가(심사) 매뉴얼, 위생등급 가이드라인 평가 기준 및 시행상의 운영사항을 참고하여 작성된 기준입니다.

위생상태 및 안전관리에 대한 채점기준 안내

위생 및 안전 상태	채점기준
1. 위생복(상/하의), 위생모, 앞치마, 마스크 중 한 가지라도 미착용한 경우 2. 평상복(흰티셔츠, 와이셔츠), 패션모자(흰털모자, 비니, 야구모자) 등 기준을 벗어난 위생복장을 착용한 경우	실격 (채점대상 제외)
3. 위생복(상/하의), 위생모, 앞치마, 마스크를 착용하였더라도 · 무늬가 있거나 유색의 위생복 상의 · 위생모 · 앞치마를 착용한 경우 · 흰색의 위생복 상의 앞치마를 착용하였더라도 부직포, 비닐 등 화재에 취약한 재질의 복장을 착용한 경우 · 팔꿈치가 덮이지 않는 짧은 팔의 위생복을 착용한 경우 · 위생복 하의의 색상, 재질은 무관하나 짧은 바지, 통이 넓은 힙합스타일 바지, 타이츠, 치마 등 안전과 작업에 방해가 되는 복장을 착용한 경우 · 위생모가 뚫려 있어 머리카락이 보이거나, 수건 등으로 감싸 바느질 마감처리가 되어있지 않고 풀어지기 쉬워 일반 조리장용으로 부적합한 경우 4. 위생복(상/하의), 위생모, 앞치마, 마스크, 조리기구에 수험자의 소속이나 성명이 있는 경우 5. 이물질(예. 테이프) 부착 등 식품위생에 위배되는 조리기구를 사용한 경우 ※ 위생복 테이프 부착은 식품위생 위배 조리기구에 해당하지 않음	'위생상태 및 안전관리' 점수 전체 0점
6. 위생복(상/하의), 위생모, 앞치마, 마스크를 착용하였더라도 · 위생복 상의가 팔꿈치를 덮기는 하나 손목까지 오는 긴소매가 아닌 위생복(팔토시 착용은 긴소매로 불인정), 실험복 형태의 긴가운, 핀 등 금속을 별도 부착한 위생복을 착용하여 세부기준을 준수하지 않았을 경우 · 테두리선, 칼라, 위생모 짧은 창 등 일부 유색의 위생복 상의 · 위생모 · 앞치마를 착용한 경우 (테이프 부착 불인정) · 위생복(상/하의), 위생모, 앞치마, 마스크에 수험자의 소속 및 성명을 테이프 등으로 가리지 않았을 경우 7. 위생화(작업화), 장신구, 두발, 손/손톱, 폐식용유 처리, 안전사고 발생 처리 등 '위생상태 및 안전관리 세부기준'을 준수하지 않았을 경우 8. '위생상태 및 안전관리 세부기준' 이외에 위생과 안전을 저해하는 기타사항이 있을 경우	'위생상태 및 안전관리' 점수 일부 감점

※ 위 기준에 표시되어 있지 않으나 일반적인 개인위생, 식품위생, 주방위생, 안전관리를 준수하지 않을 경우 감점처리 될 수 있습니다.
※ 수도자의 경우 제복+위생복 상의/하의, 위생모, 앞치마, 마스크 착용 허용

시험장 실기 준비물

준비물	규격	단위	수량	비고
위생복	상의-흰색/긴소매, 하의-긴바지(색상 무관)	벌	1	*위생복장(위생복, 위생모, 앞치마, 마스크)을 착용하지 않을 경우 채점대상에서 제외(실격)됩니다. *긴소매는 손목까지 오는 길이를 의미합니다.
위생모	흰색	EA	1	*위생복장(위생복, 위생모, 앞치마, 마스크)을 착용하지 않을 경우 채점대상에서 제외(실격)됩니다.
앞치마	흰색(남,여 공용)	EA	1	*위생복장(위생복, 위생모, 앞치마, 마스크)을 착용하지 않을 경우 채점대상에서 제외(실격)됩니다.
마스크	null	EA	1	*위생복장(위생복, 위생모, 앞치마, 마스크)을 착용하지 않을 경우 채점대상에서 제외(실격)됩니다.
칼	조리용칼, 칼집 포함	EA	1	조리용도에 맞는 칼
도마	흰색 또는 나무도마	EA	1	시험장에도 준비되어 있음
계량스푼	–	EA	1	
계량컵	–	EA	1	
가위	–	EA	1	
냄비	–	EA	1	시험장에도 준비되어 있음
후라이팬	–	EA	1	시험장에도 준비되어 있음
석쇠	–	EA	1	
쇠조리(혹은 체)	–	EA	1	
밥공기	–	EA	1	
국대접	기타 유사품 포함	EA	1	
접시	양념접시 등 유사품 포함	EA	1	
종지	–	EA	1	
숟가락	차스푼 등 유사품 포함	EA	1	
젓가락	null	EA	1	
국자	–	EA	1	
주걱	–	EA	1	
강판	–	EA	1	
뒤집개	–	EA	1	
집게	–	EA	1	
밀대	–	EA	1	
김발	–	EA	1	
볼(bowl)	–	EA	1	
종이컵	–	EA	1	
위생타올	키친타올, 휴지 등 유사품 포함	장	1	
면포/행주	흰색	장	1	
비닐팩	위생백, 비닐봉지 등 유사품 포함	장	1	
랩	–	EA	1	
호일	–	EA	1	
이쑤시개	산적꼬지 등 유사품 포함	EA	1	
상비의약품	손가락골무, 밴드 등	EA	1	

한식조리산업기사 채점기준표

주요항목(배점)	세 부 항 목	항목별 채점방법
위생상태 안전관리 (10점)	복장 및 개인위생상태	복장(위생복, 앞치마, 위생모, 안전화 착용, 시계, 반지, 귀걸이 등 장신구 착용금지) 및 개인위생
	조리과정의 위생상태	각 조리과정에서 재료와 조리기구(도마, 칼, 행주 등)의 취급
	정리정돈 및 청소상태	개인별로 지급된 기구류의 정돈(가스렌지, 씽크대 등)과 작업주위(테이블의 정리정돈 등)의 청소
	안전관리	시설장비(화구사용, 칼집사용, 가스밸브개폐기 사용, 조리작업 종료 후 가스밸브 잠금 등)를 안전하게 사용
조리작업 조리기술 조리숙련도 (70점)	재료손질(다루기) 하기	재료의 손질 및 세척, 다루기의 능숙 정도
	재료분배하기	조리에 맞게 재료를 분배하는 정도
	전처리작업	조리에 맞는 전처리를 하는 정도(삶기, 데치기, 두드리기, 찢기 등)
	썰기작업	규격에 맞게 썰기 작업하는 정도
	양념하기	재료와 조리법에 맞는 양념을 하는 정도
	가열하기	익히는 작업(조리기, 끓이기, 볶기 등)을 잘하는 정도
	적합한 조리기구 사용하기	조리에 맞는 기구를 사용하는 정도
	조리순서 맞게 하기	순서에 맞게 조리를 하는 정도
	조리방법 맞게 하기	고유한 조리방법을 하는 정도
조리작품의 평가(20점)	작품의 완성도 평가	작품의 고유한 맛과 색, 형태의 완성 정도
	그릇의 담기평가	그릇에 보기 좋게 잘 담는 정도

한식조리산업기사 합격비법

[과제 1]

주의사항(※산업기사시험은 재료, 크기, 개수의 변동사항이 많으므로 조리하기 전에 확인하고 제출하기 전에 꼭 확인하고 제출한다.)
※ 아래 번호 순서대로 조리하면 완성시간을 단축할 수 있다.
1. 메뉴별 재료를 구분하고 메뉴별 지급재료에 있는 재료만 사용한다.
2. 요구사항에 있는 작품의 크기와 개수를 꼭 확인하고 요구사항대로 한다.
3. 조리대를 청결하게 사용하고 먼저 만들 조리와 나중에 만들 조리를 구분하여 만든다.
4. 먼저 끓여 준비할 것, 나중에 끓일 것을 구분하여 끓이는 시간이 부족하지 않도록 한다.

A. 비빔국수	B. 두부전골	C. 오이선	D. 어채
1 공동재료 씻어 분리			
	2 데칠 물 올려놓기		
	3 숙주 거두절미하여 데쳐서 소금 참기름에 무치기		
4 파, 마늘 다져서 양념장 만들기	**4** 소고기(사태 20g)에 파, 마늘 일부는 편 썰어 넣고 육수 끓이고 파, 마늘 일부는 다지기	**4** 파, 마늘 다져서 양념장 만들기	
5 오이 1/2개 5×0.3×0.3 cm로 채 썰어 소금에 절이기		**5** 오이 1/2개를 길이로 갈라 1cm 간격으로 어슷하게 칼집 3번 넣어 4cm로 썰어 소금에 절이기	**5** 오이 1/2개 껍질 부분 4×2×0.4cm로 썰기
	6 무, 당근은 5×1.2×0.5 cm로 썰어 데치기, 미나리 데쳐 훑어서 수분과 공기 빼기		
7 석이버섯 손질하여 채 썰어 소금, 참기름 넣고 무치기			
8 표고버섯(1개) 5×0.3×0.3 cm로 채 썰어 양념하기	**8** 표고버섯(1.5개) 5×1.2×0.5 cm 길이로 썰기	**8** 표고버섯(0.5개) 3×0.2×0.2 cm 곱게 채 썰어 양념하기	**8** 표고버섯(1개) 4×2×0.4cm 크기로 썰기
	9 두부는 3×2.5×0.5cm로 14개 썰어 전분 묻혀 지지기		
10 소고기(30g) 5×0.3×0.3 cm로 채 썰어 양념하기	**10** 소고기(30g) 곱게 다져 양념하여 두부 샌드 만들어 데친 미나리로 묶고 완자 만들기	**10** 소고기(10g) 3×0.2×0.2cm로 곱게 채 썰어 양념하기	
	11 양파 5×1.2cm 길이로 썰고 실파 5cm 썰기		**11** 홍고추 4×2×0.4cm 크기로 썰기
			12 대구살 3×4×0.5cm 크기로 6개 포 떠서 밑간하기

A. 비빔국수	B. 두부전골	C. 오이선	D. 어채
13 (달걀 1개) 황·백지단 부쳐서 5×0.2×0.2cm로 채썰기	13 (달걀 1.5개) 황·백지단 부쳐서 5×1.2cm로 썰기(소고기 완자 밀가루, 달걀물 무쳐 팬에 굴리기	13 달걀(0.5개) 황·백지단 부쳐서 3×0.2×0.2cm로 채썰기	13 (달걀 1개) 황·백지단 부쳐서 4×2×0.4cm로 썰기
14 오이 볶기		14 오이 볶기	
15 석이버섯, 소고기, 표고버섯 순서로 볶기		15 소고기, 표고버섯 볶기	
			16 오이, 표고버섯, 홍고추, 생선에 전분을 묻혀 끓는 물에 데쳐 찬물에 헹구기를 2~3회 반복하기
			17 접시에 오이, 표고, 홍고추, 황, 백 지단 돌려 담고 중앙에 생선 올리고 초고추장 만들기
18 국수 삶을 물 올려 놓기		18 오이 칼집 사이에 황 지단, 소고기와 표고버섯 채 섞은 것, 백 지단 순으로 끼우기	
		19 오이선 완성 접시에 담고 단촛물 만들어 끼얹기	
	20 전골냄비에 준비한 재료 돌려 담고 중간에 두부 샌드, 중앙에 완자 넣기		
	21 육수 면포에 내려 국간장, 소금 간하여 전골냄비에 부어 끓이기		
22 국수 삶아 헹구어 유장으로 양념하기			
23 국수에 오이, 소고기, 표고버섯, 넣고 무쳐 완성 그릇에 담고 황·백 지단, 석이버섯, 실고추 고명 얹기.			

완성순서 어채 〉오이선 〉두부전골 〉비빔국수

조리 *tip*

1. 재료 분리 시 재료 목록을 체크하면서 분리하고 같은 재료가 동시에 들어가면 썰어서 분리한다.
2. 어채의 재료에 전분을 묻혀 수분이 충분히 흡수한 뒤 익혀야 전분이 투명하고 고르게 잘 익는다.
3. 오이선에 오이는 칼집을 넣고 충분히 절여야 칼집이 잘 벌어져 소 넣기가 좋다.
4. 두부 부치고, 달걀지단, 석이버섯, 오이, 소고기, 표고버섯 순서로 볶으면 시간을 절약할 수 있다.

[과제 2]

A. 칼국수	B. 구절판	C. 사슬적	D. 도라지정과
1 재료 씻어 분리	1 데칠 물 올려놓고 재료 씻어 분리		1 재료 씻어 분리
2 멸치 손질해 향채 넣고 끓이기	2 파, 마늘 다져서 양념장 만들기	2 파, 마늘 다지기	
3 밀가루 1/4C 덧가루 남기고, 3/4C 반죽해 숙성하기	3 밀가루 1/2C, 물 1/2C으로 풀어서 체에 내려 숙성하기	3 밀가루 1T 남기기	
			4 통 도라지 껍질 벗겨 5×1×0.6cm로 썰어 끓는 물에 살짝 데치기
	5 숙주 거두절미한 후 데쳐서 소금, 참기름 양념하기		5 데친 도라지에 물 1.5C 설탕 4T, 소금 약간을 넣어 센 불에서 끓으면 약한 불에 조리기
		6 대구 살은 껍질 벗겨 8×1.2×0.6cm로 6개 썰어 밑간하기	
7 멸치 육수 면포에 걸러 국간장, 소금 간하기			
8 호박 5×0.3×0.3cm로 채 썰어 절이기			
	9 오이, 당근 5×0.2×0.2cm로 채 썰어 소금에 절이기		
	10 석이버섯 채 썰어 소금, 참기름 양념하기		
11 표고버섯(1개) 5×0.3×0.3cm로 채 썰어 간장, 참기름, 설탕 양념하기	11 표고버섯(2개) 5×0.2×0.2cm로 채 썰어 간장, 참기름, 설탕 양념하기		
	12 소고기(50g) 5×0.2×0.2cm로 채 썰어 양념하기	12 소고기(80g) 다지고 두부 으깨서 수분 제거 후 양념하여 7×1.2×0.6cm 크기로 4개 만들기	
	13 황·백 지단 부쳐 5×0.2×0.2cm로 채썰기		13 설탕물이 거의 졸아들면 물엿 넣고 투명하게 조리기
	14 밀전병 6cm로 7개 부치기		
15 호박 볶기			

A. 칼국수	B. 구절판	C. 사슬적	D. 도라지정과
15 표고버섯 볶기	15 오이, 당근, 석이버섯, 표고버섯, 소고기 순서로 볶기		
		16 꼬치에 생선-고기-생선-고기-생선 순으로 끼워 2꼬치 만들기	
		17 뒷면에 밀가루 묻혀 팬에 지지기	
18 멸치 육수 끓이기	18 비늘 잣 만들기	18 잣가루 만들기	
		19 꼬치를 빼서 담고 잣가루 고명 올리기	19 굵은 체에 받쳐 시럽 빼고 담기
20 반죽은 0.1cm 두께로 밀어 덧가루 뿌려 접어 폭 0.2cm로 썰어 덧가루 털어내고 넣어 끓이기			
	21 밀전병은 접시 중앙에 놓고 한 장 한 장 사이에 비늘 잣 넣어 담고 볶은 재료, 숙주 보기 좋게 돌려 담기		
22 칼국수 완성 그릇에 담고 표고버섯, 애호박, 실고추 고명 얹기			

완성순서 사슬적 〉 도라지정과 〉 구절판 〉 칼국수

조리 tip

1. 칼국수와 밀전병 반죽을 미리 만들어 숙성 시키면 칼국수도 쫄깃하고 밀전병도 잘 찢어지지 않는다.
2. 도라지정과는 불의 온도가 높으면 완성 시 시럽이 굳을 수 있고 약 불에서 서서히 조리면 투명하게 된다.
3. 재료를 볶을 때 팬을 깨끗하게 사용하는 순서로 볶아야 시간이 절약된다..
4. 칼국수는 썰어 놓고 제출하기 직전에 끓여야 국수가 붇지도 않고 국물이 걸쭉하게 되지 않는다.

[과제 3]

A. 편수	B. 오이/고추소박이	C. 돼지갈비찜	D. 율란/조란
	1 숙주 데칠 물 올려놓고 재료 씻어 분리하기		1 밤은 물솥에 삶고 대추는 찜기 위에 넣고 5분간 찌기
2 숙주 데쳐 썰기			
3 밀가루 덧가루 남기고 반죽해 숙성하기		3 돼지갈비 5cm 정도 썰어 칼집 낸 후 찬물에 담가 핏물 제거	
4 소고기(양지 30g) 향채 넣고 육수 끓이기	4 오이 손질해 6cm 길이로 3토막 잘라 양 끝 1cm 남기고 칼집을 십자로 넣고, 풋고추 꼭지 부분 1cm 남기고 길이로 한쪽 면에 칼집 넣어 씨 제거하여 소금에 절이기		
	5 무 2cm로 채 썰고 부추 1/2은 0.5cm로 송송 썰고 1/2은 2cm 길이로 썰기		
6 육수 면포에 내려 국 간장, 소금으로 간하여 식히기	6 마늘, 생강 채 썰어 무, 부추 넣고 고추소박이 소 양념 만들기	6 데칠 물 올리기	
7 파, 마늘 다져서 양념장 만들기	7 파, 마늘, 생강 다져서 부추, 고춧가루, 멸치액젓 넣고 오이소박이 양념 만들기	7 파, 마늘, 생강 다져서 양념장 만들기	
		8 끓는 물에 돼지갈비 데치기	8 잣 1/2은 다지기
		9 감자, 당근 사방 3cm 썰어 모서리 다듬기	
		10 돼지갈비에 양념장 1/2 넣고 볶다가 물 1C, 당근, 감자 넣고 끓이기	
			11 밤은 뜨거울 때 체에 내려 계핏가루 넣고 꿀로 농도 맞춰 고루 섞은 후 꼭꼭 뭉쳐 반죽 만들기
			12 밤 모양으로 만들어 잣가루 묻혀 담기

A. 편수	B. 오이/고추소박이	C. 돼지갈비찜	D. 율란/조란
			13 대추 곱게 다져 꿀, 계핏가루 넣고 조려 대추 모양으로 만들어 잣이 반쯤 보이게 박아서 담기
14 애호박 돌려 깎아 채 썰어 절이기			
15 소고기(60g) 다지고 표고버섯 채 썰어 양념하기			
16 팬에 애호박, 표고, 소고기 순으로 각각 볶아 소 만들기			
17 만두피 밀어 정사각형 8×8cm로 5장 만들기			
18 만두피에 소, 잣 1알씩 넣어 네모지게 빚기			
19 김 오른 찜 솥에 7~8분 정도 찌기		19 나머지 양념 넣고 당근, 감자 익으면 양파, 홍고추 넣고 센 불에서 저어가며 윤기나게 조리기	
	20 풋고추에 소 넣고 잣 2~3개씩 넣어 담아 국물 붓기		
	21 오이 칼집 사이에 소 집어넣고 국물 만들어 끼얹기		
		22 완성 그릇에 돼지갈비 담기	
23 완성 그릇에 편수 담고 찬 육수 부어 내기			

완성순서 율란/조란 〉 오이/고추소박이 〉 돼지갈비찜 〉 편수

조리 tip

1. 찜 솥에 밤은 물에 삶고, 대추는 찜기 위에 놓고 찌면 시간을 절약할 수 있다.
2. 오이, 고추소박이는 칼집을 넣고 소금 3T를 물에 녹인 후 절여야 잘 절여진다.
3. 편수는 차게 먹는 여름 만두기 때문에 육수는 미리 끓여 식혀서 부어낸다.
4. 갈비찜은 양념해 중불에서 뚜껑을 덮고 서서히 익혀야 맛이 있고, 마지막에 뚜껑을 열고 센 불에서 저어가면서 만들어야 윤기도 나고 양념도 잘 밴다.
5. 편수는 제출할 때 육수를 부어낸다.

[과제 4]

A. 만둣국	B. 밀쌈	C. 두부선	D. 3가지 나물
1 숙주, 시금치 데칠 물 올려놓고 재료 씻어 분리하기			**1** 도라지 손질해 6×0.5×0.5 cm 두께로 썰어 소금 넣고 주물러 물에 담가 쓴맛 빼기
2 밀가루1C, 덧가루 남기고 반죽해 숙성하기	**2** 밀가루1C과 물을 동량으로 반죽하여 체에 내려 숙성하기		**2** 애호박 길이로 반 갈라 반달 모양 0.5cm 두께로 썰어 절이기
3 숙주 데치기			**3** 시금치 다듬어 씻어 데쳐서 헹구어 5cm로 썰기
4 냄비에 물 3C 붓고 소고기 20g, 파, 마늘 넣어 육수 끓이고 파, 마늘 다지기	**4** 파, 마늘 다져서 양념장 만들기		**4** 파, 마늘 다지기
5 소고기(40g) 곱게 다지기	**5** 소고기(30g) 5×0.2×0.2cm로 채 썰어 양념하기		**5** 소고기(30g) 다져 양념 하기
	6 죽순 5×0.2×0.2cm로 채 썰어 데치기		
	7 표고버섯(1.5개) 5×0.2×0.2cm로 채 썰어 양념하기	**7** 표고버섯(0.5개) 석이버섯 2×0.2×0.2cm로 썰기	
	8 오이, 당근 5×0.2×0.2cm로 채 썰어 소금에 절이기		
9 두부(30g) 으깨고 김치, 숙주 다져 수분 제거 후 양념하여 소 만들기		**9** 닭살 다지고 두부(120g) 수분 제거 후 으깨서 양념하여 치대기	
10 (달걀 1개) 미나리 초대, 황·백지단 부쳐 마름모꼴로 2개씩 썰어 고명 만들기	**10** (달걀 1개) 황·백지단 부쳐 5×0.2×0.2cm로 채썰기	**10** (달걀 1개)황·백지단 부쳐 2×0.2×0.2cm로 썰기	
	11 밀전병 15×20cm 크기로 부치기		
	12 팬에 오이, 죽순, 당근, 표고버섯, 소고기 순으로 볶기		

A. 만둣국	B. 밀쌈	C. 두부선	D. 3가지 나물
	13 김발 위에 밀전병 펴놓고 준비한 재료 놓고 지름 2cm로 단단하게 말기		
	14 지름 2cm, 길이 4cm로 8개 썰어 담고 초간장 곁들이기		
		15 비늘 잣 준비하기	15 시금치 양념 넣어 무치기
		16 젖은 면포 위에 두부, 닭살 양념한 것 12×12×1cm로 네모 반대기 만들어 위에 고명 올리고 찜 솥에 10분 찌기	
17 만두피 지름 8cm로 밀어 만두 5개 빚기		17 한 김 식힌 후 3×3cm 크기로 썰어 접시에 담고 겨자장 만들어 곁들기	
			18 팬에 식용유 넣고 도라지 볶다가 양념 넣어 볶기
			19 소고기를 볶다가 호박 넣고 볶아 양념하기
			20 3가지 나물 담기
21 육수 면포에 걸러 국 간장, 소금 간하여 끓으면 만두 넣고 끓이기			
22 만두가 익으면 그릇에 담고 황. 백지단과 미나리 초대 고명 얹기			

완성순서 밀쌈 〉 두부선 〉 3가지나물 〉 만둣국

조리 tip

1. 밀전병과 만두 반죽을 만들어 숙성하면 만두가 덜 깨지고 밀전병도 덜 찢어진다.
2. 채소는 최대한 가늘게 채 썰어야 말았을 때 표면이 울퉁불퉁하지 않는다.
3. 두부선의 두부의 물기는 최대한 제거하고, 닭고기는 곱게 다져서 오래 치대주면 표면이 매끄럽다.
4. 고명은 최대한 가늘게 썰어 두부 위에 고르게 펼쳐주고 식은 다음 썰어야 모양이 예쁘다.
5. 만두소의 재료는 물기를 꼭 짜서 질지 않게 해야 만두피가 터지지 않는다.
6. 시험장에서 세밀하게 만드는 작품은 맨 나중에 만들면 긴장하여 손이 떨릴 수 있으므로 중간에 만드는 것이 예쁘게 만들 수 있다.

[과제 5]

규아상	닭찜	월과채	모둠전
	1 냄비에 물 올려놓고 재료 씻어 분리하기		1 깻잎 물에 담그기
2 밀가루 80g 덧가루 남기고 반죽해 숙성하기			
		3 찹쌀가루에 소금 넣어 되직하게 익반죽하기	
		4 느타리버섯 데쳐 물기 제거 후 찢어 양념하기	
5 파, 마늘 다져서 양념장 만들기	5 파, 마늘, 생강 다져서 양념장 만들기	5 파, 마늘 다져서 양념장 만들기	5 파, 마늘 다지기
	6 닭 손질해 4~5cm 토막 내어 데치기		
	7 당근, 밤 깎아서 준비하기		
	8 닭에 양념장 1/2 넣고 볶다 당근, 밤, 물 1C 넣고 끓이기	8 찹쌀 전병 직사각형 6cm로 부쳐 식히기	
		9 애호박 2/3개는 반 갈라 속을 파서 눈썹 모양 만들어 0.3cm 두께로 썰어 살짝 절이기	9 호박 1/3개는 두께 0.5cm로 둥글게 5개 썰어 소금에 절여 물기 제거하기
10 표고버섯(1개) 가늘게 채 썰어 양념하기	10 표고버섯(1개) 은행잎 모양으로 썰기	10 표고버섯(1개) 5×0.3×0.3cm로 채 썰어 양념하기	10 표고버섯 작은것 (3개)는 수분, 기둥 제거 후 유장에 재우기
11 소고기(30g) 다져서 양념하기		11 소고기(30g) 다져서 양념하기	11 소고기(40g) 다지고 두부 으깨서 수분 제거 후 양념하기
12 오이 돌려 깎아 3×0.2cm 채 썰어 절이기		12 홍고추(0.5개) 채썰기	
	13 은행 볶아 껍질 벗기기		13 표고버섯, 깻잎 소 넣고 전 준비하기
	14 (달걀 0.5개)황·백지단 부쳐 마름모꼴로 썰기	14 (달걀 1개)황·백지단 부쳐 5×0.3×0.3cm로 채썰기	14 (달걀 1.5개) 호박전, 표고전, 깻잎전, 부쳐 담기

규아상	닭찜	월과채	모둠전
15 오이, 표고버섯, 소고기 순으로 각각 볶아 섞어 소 만들기		15 애호박, 느타리버섯, 홍고추, 표고버섯, 소고기 순으로 각각 볶기	
	16 닭이 반쯤 익으면 표고버섯과 나머지 양념장 넣고 윤기나게 조리기		
		17 모든 재료를 양념(소금, 참기름, 깨소금) 하여 그릇에 담아내기	
18 찜 솥 올리기			
19 만두피 8cm로 밀어 소와 잣 넣어 해삼 모양으로 주름 접어 6개 만들기			
20 찜 솥에 7~8분 정도 쪄서 담고 초간장 곁들여 내기			
	21 닭찜 그릇에 담고 고명으로 은행, 황·백지단 올리기		

완성순서 모둠전 〉월과채 〉규아상 〉닭찜

조리 tip

1. 만두피는 반죽하여 숙성시킨다.
2. 찹쌀 전병은 되직하게 익반죽해서 부치고 접시에 설탕을 뿌리고 담아야 달라붙지 않고, 식은 후 칼에 참기름을 발라 썰면 붙지 않게 썰 수 있다.
3. 찹쌀 전병을 부칠 때 식용유를 조금 두르고 굽듯이 부쳐야 서로 달라붙지 않는다.
4. 깻잎전은 소를 최대한 얇게 펴서 적게 넣고 빨리 지져야 파랗게 지질 수 있다.

[과제 6]

어만두	소고기편채	오징어볶음	튀김
	1 숙주 데칠 물 올려놓고 재료 씻어 분리하기		
2 마늘, 파 다져서 간장 양념장 만들고 숙주 데쳐서 송송 썰기	**2** 겨잣가루 물 넣고 개어서 냄비 뚜껑에 올려 발효하기	**2** 대파 어슷하게 썰어 놓고, 마늘, 생강 다져서 고추장 양념장 만들기	
3 대구 살 껍질 벗겨 폭과 길이 7×7cm 정도 포 떠 밑간(소금, 흰 후추, 생강즙)			
		4 오징어 손질해 안쪽에 가로 세로 0.3cm 간격으로 칼집 넣어 5×2cm로 썰고, 다리는 6cm로 썰기	
			5 고구마 0.3cm 두께로 썰어 물에 담가 전분 제거
6 소고기(30g) 다지고, 표고버섯, 목이버섯 채 썰어 양념하기	**6** 소고기(150g) 9×8×0.2cm로 포 떠서 소금, 후춧가루로 간하기		
	7 양파(1/6개) 깻잎, 붉은 파프리카 4×0.2cm로 잘라 찬물에 담갔다가 수분 제거하기	**7** 양파(1/6개) 폭 1cm로 썰고 청, 홍고추, 어슷하게 썰기	
	8 무순 윗부분 4cm로 썰어 물에 담가 수분 제거하기		
9 찜 솥 올리기			**9** 새우는 껍질 내장 물총 제거하여 꼬리 1마디 남기고 배쪽에 칼집 넣기
10 오이 돌려 깎아 채 썰어 절여 수분 제거			
11 숙주 제외한 재료 각각 볶아 식힌 후 양념하기			
12 생선에 전분을 뿌리고 소 넣어 말아 겉면에 전분을 묻혀 수분 흡수하게 두기			
	13 소고기에 찹쌀가루 묻혀 지지기		

어만두	소고기편채	오징어볶음	튀김
	14 고기에 채소 넣어 고깔 모양으로 말아 4개 만들기		14 튀김기름 올려놓기
15 찜 솥에 젖은 면포를 깔고 어만두를 올리고 젖은 면포로 덮어 약불에서 5분 정도 쪄 5개 담아내기	15 겨자장 만들어 곁들이기		
		16 달군 팬에 양파를 볶다가 오징어 넣고 익으면 양념장 넣어 볶기	
		17 청·홍고추, 대파 넣어 볶고 마지막 깨소금, 참기름 넣어 마무리하기	
			18 박력분 체에 내리기
			19 달걀노른자, 물, 박력분 넣고 튀김옷 만들기
			20 고구마, 새우에 밀가루 튀김옷 입혀 기름에 바싹하게 튀기기
			21 접시에 튀김 각각 3개씩 담고 초간장에 잣가루 얹어 내기

완성순서 어만두 〉소고기편채 〉오징어볶음 〉튀김

조리 tip

1. 생선은 포를 얇게 뜨고 약한 불에서 젖은 면포로 덮어서 5분 정도 쪄야 부서지지 않는다.
2. 어만두는 먼저 쪄 놓으면 갈라질 수 있기 때문에 터지지 않게 젖은 면포나 비닐로 덮어 놓는다.
3. 소고기편채는 얇게 포를 떠서 지지고 따뜻할 때 말아야 풀리지 않는다.
4. 오징어볶음은 제출하기 직전에 고온에서 짧은 시간에 볶아야 물이 생기지 않는다.
5. 튀김 반죽은 튀기기 전에 반죽하고 제출하기 직전에 튀겨야 바싹하게 된다.

[과제 7]

어선	소고기전골	보쌈김치	섭산삼
1 재료 씻어 분리하기	1 재료 씻어 분리하기 냄비에 물 4C 붓고 소고기(사태)와 향채 넣고 끓이기	1 재료 씻어 분리하기	1 더덕 씻어 껍질을 벗겨 길이로 갈라 소금물에 담가 쓴맛 우려내기
	2 무(50g) 5×0.5×0.5cm로 썰기	2 무(50g) 3×3×0.3cm 크기로 썰어 절이기	
	3 숙주 거두절미해 데친 후 소금, 참기름 무치기		
	4 파, 마늘 다져 양념장 만들기	4 마늘, 생강 채 썰어 양념장 만들기	
5 오이, 당근(50g) 채썰기	5 당근(50g), 양파 5×0.5×0.5cm로 썰기		
6 표고버섯(2개) 채 썰어 간장, 설탕, 참기름 양념하기	6 표고버섯(3개) 5×0.5×0.5cm로 썰기		
7 동태 포 떠서 밑간(생강즙, 흰 후추, 소금) 하기			
8 찜 솥 올리기	8 실파 5cm로 썰기	8 실파 1뿌리, 미나리, 갓 3cm로 썰고, 배, 밤 편 썰기	
		9 굴, 낙지는 소금물에 씻어 낙지는 3cm 길이로 썰어 체에 밭쳐 수분 제거	
		10 석이버섯, 대추 손질하여 채 썰기	
11 황·백 지단 부쳐 채 썰기			
	12 소고기(살코기) 5×0.5×0.5cm로 썰어 양념하기		
13 오이, 당근 표고버섯 볶기			
14 김발 위에 젖은 면포 깔고 생선 살 촘촘하게 깔고 전분 뿌리기			
15 속 재료 얹어 지름 3cm로 둥글게 말아 찜 솥에 10분간 찌기			

어선	소고기전골	보쌈김치	섭산삼
16 식으면 면포를 풀고 2cm 길이로 썰어 6개 담고 초간장 곁들이기			
	17 육수 면포에 걸러 진간장, 소금으로 간하여 육수 만들기		
	18 전골냄비에 재료 돌려 담고 중앙에 소고기 담고 육수 부어 끓이기		
		19 볼에 무, 배추 줄기 넣고 양념에 버무리다가 고명을 제외한 재료 넣고 버무리기	
		20 오목한 그릇에 배춧잎 깔고 버무린 재료 담기	
		21 국물 붓고 배춧 잎 바깥쪽으로 말고 석이버섯 채, 대추채, 잣을 고명 올려 완성하기	
			22 더덕 물기 제거하고 방망이로 밀고 두드려 찹쌀가루 묻히기
			23 160℃에 하얗고 바싹하게 튀겨 기름 제거 후 완성 접시에 담아낸다.
	24 소고기 익으면 달걀 넣어 반숙으로 익으면 전골에 잣 얹기		

완성순서 어선 〉 보쌈김치 〉 섭산삼 〉 소고기전골

조리 tip

1. 어선을 찔 때 약 불에서 쪄야 터지지 않고, 식은 다음 썰어야 덜 부서진다.
2. 면포에 포 뜬 생선을 올릴 때 생선 살이 익으면 수축하는 것을 감안하여 최대한 촘촘하게 겹쳐 놓아야 완성 후 썰 때 부서지지 않는다.
3. 보쌈의 고춧가루를 미리 섞어 숙성시켜야 김치 색이 곱게 된다.
4. 섭산삼은 160℃ 정도 온도에서 내기 직전에 튀겨야 바싹하게 제출할 수 있다.
5. 소고기 전골은 달걀을 넣고 뚜껑을 덮어 잠깐 익히면 반숙으로 된다.

[과제 8]

오징어순대	우엉잡채	제육구이	매 작 과
	1 재료 씻어 분리하기		1 생강 다져서 물과 혼합하여 체에 내려 생강즙 만들기
2 불린 찹쌀 수분 빼서 찜통에 면포 깔고 찌기			2 밀가루 (일부 남기고)에 생강즙, 소금 넣어 반죽해 숙성하기
3 오징어 몸통 손질하고 다리 분리해 다리는 곱게 다지기			
4 파, 마늘, 곱게 다지기	4 파, 마늘, 곱게 다져 양념장 만들기	4 파, 마늘, 생강 곱게 다져 고추장 양념장 만들기	
		5 돼지고기 4.5×5.5×0.4cm (완성 크기 4×5×0.4cm)로 썰어 연육 하여 양념장 만들어 바르기	
6 숙주 데쳐서 0.3cm로 다지고, 양파(1/8개) 0.3cm로 다져서 소금에 절여 수분 제거			
7 두부 물기 제거하여 으깨기			
8 풋고추(1/3개), 홍고추(1/3개) 다지기	8 풋고추(2/3개), 홍고추2/3개), 6×0.2×0.2cm 길이로 채썰기		
9 다진 오징어 다리와 모든 재료 넣고 소 양념하기			
10 오징어 몸통 속에 밀가루 (10g) 뿌려 소 70% 채워 꼬치로 입구 막기			
11 꼬치로 몸통에 바늘 침 주고 김 오른 찜통에 넣고 중불에 15분 정도 찌기	11 양파(1/8개), 당근 6×0.2×0.2 cm 길이로 채썰기		
	12 우엉 6×0.2×0.2cm로 어슷하게 채 썰어 물에 담그기		
	13 팬에 우엉을 볶다 조림장 넣고 조려 참기름 넣기		
	14 표고버섯 소고기 6×0.2×0.2 cm로 채 썬 후 양념장에 무치기		

오징어순대	우엉잡채	제육구이	매작과
	15 양파, 풋고추, 당근, 홍고추, 소고기, 표고버섯 순서로 각각 볶기		
	16 볼에 모든 재료 넣고 참기름, 깨소금 넣어 무쳐 완성 그릇에 담기		
			17 잣가루 만들기
			18 설탕 4T+물 4T 끓여 시럽 4T 만들기
			19 반죽을 밀어 5×2×0.3cm로 잘라 세 군데 칼집 넣어 가운데로 뒤집어 모양 만들기
			20 매작과를 120℃에 튀기다 단단해지면 170℃ 온도에 노릇하게 튀겨 기름기 제거하기
			21 시럽 묻혀 담고 잣가루 뿌리기
		22 달군 석쇠에 구워 완성 그릇에 8쪽 담기	
23 식힌 후 1cm 두께로 썰어 완성 접시에 담기			

완성순서 우엉잡채 〉 매작과 〉 제육구이 〉 오징어순대

조리 tip

1. 매작과 밀가루 반죽할 때 덧가루와 오징어순대 들어갈 밀가루를 꼭 남긴다.
2. 매작과 반죽이 질면 튀겼을 때 부풀어 오르기 때문에 되직하게 반죽한다.
3. 제육구이 할 때 고추장 양념을 많이 발라 구우면 고기는 익지 않고 양념장만 타므로 얇게 발라 재운 후 덧발라가며 굽는다.
4. 제육구이를 석쇠에 구울 때 조금 겹쳐 놓고 구우면 가장자리가 타는 것을 막을 수 있다.
5. 오징어 속을 채운 후 몸통 전체에 바늘 침을 줘야 익으면서 오징어 속에서 생기는 수분이 밖으로 빠져나와 속의 내용물이 단단해지고, 분리되지 않는다.

한국음식문화의 특징

한국음식문화의 특징

세계의 음식문화는 밥을 짓는 문화와 빵을 굽는 문화로 크게 나눌 수 있다. 쌀을 주식으로 하는 동양과 밀을 주식으로 하는 서양의 음식문화가 식민지 전쟁과 1·2차 세계대전을 거치며 패권 국가들의 식문화가 세계로 전파되고 교통과 통신, 정보의 발달로 세계화되는 시대의 영향으로 동, 서양의 융합되고 변형되어 재창조된 음식이 많아지고 있다.

문화란 상대적인 것이라 누구 것이 좋고 누구것이 나쁘다고 얘기할 수 없지만, 음식문화는 다른 어떤 문화보다 독창성과 고유성을 유지하려는 보수적인 경향이 강해 우리나라만 하더라도 일제강점기를 지나 근·현대화 되는 과정에 급격한 외래문화의 유입과정을 겪으면서도 우리의 전통적 음식문화의 근간은 크게 변화하지 않았다. 습관화되지 않은 음식에 대한 호기심보다는 두려움과 거부감이 훨씬 크다는것을 알 수 있다. 따라서 문화적 원형질을 그대로 유지하고 있는 것은 의·식·주 중에 음식뿐이라 해도 지나치지 않다.

음식이 문화적 DNA를 가장 원형에 가깝게 유지하고 있다고 한다면 우리는 우리의 한식을 어떻게 이해하고 발전시켜 나가야할 지에 대한 연구와 노력을 게을리하지 말아야 할 것이다.

한국음식의 형성배경

| 자연환경과 음식문화 |
- 사계절이 있는 기후 조건과 농경문화의 영향으로 곡류와 콩을 이용한 발효음식과 저장음식이 발달하였다(장류, 김치, 술, 장아찌, 젓갈, 말린 채소 등).
- 사계절이 뚜렷하여 그 계절에 맞는 음식의 종류와 조리법이 다양하다(국, 탕, 찌개, 전, 조림, 초, 선, 찜, 숙채, 냉채, 강회, 볶음, 쌈, 전골, 포, 자반, 튀각 등).
- 각 계절의 신선한 재료로 건강에 이로운 좋은 음식을 만들어 먹고 멋을 즐기다(진달래화전, 느티떡, 수리취떡, 장미화전, 송편, 국화잎전 등).
- 양념과 고명을 활용한 정제된 멋과 품위를 잘 표현하였다.
- 3면이 바다로 어패류를 이용한 음식과 젓갈이 단백질 식품의 급원이 되었다. 미역, 다시마, 김 등

의 해조류의 이용도 활발했다.
- 정착과 농경사회가 본격화된 삼국시대부터 쌀을 주식으로 반찬을 부식으로 하는 식생활이 확립되었다.
- 곡물을 중히 여겨 곡물을 이용한 다양한 조리법이 발달하였다(밥, 죽, 떡 등).

| 사회 환경과 음식문화 |

- 씨족사회의 공동체의식이 농업과 결부되어 음식문화의 한 축을 형성하였다.
- 상차림과 식사예법이 유교의 영향을 받아 가부장적인 식생활과 제사음식이 발달하였다(가부장적인 식생활).
- 음식 자체가 약이라는 약식동원 개념을 확립하였다(약주, 양념, 약식, 약과 등).
- 통과의례에 따라 차려지는 음식이 발달하였다(생일상, 돌상, 백일상, 혼례상, 폐백상, 회갑, 칠순, 팔순상, 제례상 등).
- 명절음식과 세시음식이 발달(설날, 추석, 단오, 대보름 등) : 농경문화 속에서 자연을 숭배하고 다산과 풍요를 지켜주는 자연과 신과 조상에게 예를 갖추는 제천의식의 행사 음식이 발달하였다. 자연에서 걷어들인 각 계절에 나는 제철식재료로 음식을 만들어 액막이와 몸을 보신하는 음식, 풍류와 멋이 있는 음식 등 다양한 음식을 만들어 먹었다(떡국, 부럼, 동지팥죽, 송편, 제호탕, 삼계탕, 화전, 국화전, 국화주, 유자화채 등).

오늘날의 한식

수렵과 채집생활로 불을 사용해 화식을 하던 구석기를 거쳐, 피와 기장을 초기 농작물로 재배하며 농업을 시작한 신석기에 드디어 술과 떡과 미숫가루 등 농경시대의 음식이 등장하였다. 부족국가 시대엔 제천의식을 행했고 발효음식을 만들기 시작했다. 삼국과 통일신라시대에는 쌀을 주식으로 채소를 부식으로 하는 일상적 식문화의 구조가 형성되었으며 부엌도구와 조리도구가 발달하였다.

발효음식이 발달하여 콩 발효식품인 두장이 개발되기도 하였다. 고려시대는 한국식생활문화의 전반적인 구조가 확립된 시기가 되었고 숭불사상으로 육식절제와 차 문화가 발달하였다. 고려청자의 발달로 식기의 고급화가 이루어진 시기이기도하다. 조선시대는 숭유억불정책으로 음다문화가 쇠퇴해 지고 유교의 영향으로 봉제사와 접빈객의 상차림과 식생활을 중시하게 되었다. 효를 근본으로 하는 유교사상은 노인과 부모의 건강을 위한 식이요법의 식문화 또한 발달하였다.

외래음식인 고추가 16세기에 전래되어 김치 등 우리 식생활에 일대 혁명을 이루었고 호박, 고구마, 감자 등 풍요로운 식재료가 유입되었다. 백자, 분청사기 등 식기의 혁명이 일어난 시기이기도 하다.
근·현대에 들어와 일본을 통한 남방식품이 들어오고 가공식품의 제조로 식생활 범위가 확대되기 시작했다. 서양의 식생활문화가 전래되어 한식과 양식이 혼합된 이중구조의 식생활 문화가 등장하고 식사방법과 상차림 또한 서구 기독교의 영향으로 외상이나 겸상차림이 전부였던 반상차림에 변화를 맞게 되었다. 남녀노소의 구별 없이 한 상에서 식사를 하게 되었고 반찬의 수를 첩수라 하여 3첩, 5첩, 7첩, 9첩, 12첩으로 구분해 재료나 조리법이 겹치지 않도록 구성원칙을 정하였으나 단체급식과 외식이 보편화된 오늘에 이르며 우리의 한식도 그 시대의 시대상황과 의식구조의 영향을 받아 변천을 거듭해 오고 있다.

오늘날에는 식품산업의 발달로 가공식품, 기호식품의 생산과 소비가 폭발적으로 증가하고 서구식 식생활의 영향으로 성인병 발병률이 증가하는 구조적 문제를 안고 있다. 이에 우리 한식의 미래를 위해 우리음식의 약식동원정신이나 과학적인 절기음식, 향토음식의 영양적 우수성 그리고 발효음식의 과학적 접근과 우수성을 연구하는 것이 조리인들의 숙제이자 의무라 생각한다.

한국음식의 특징

1. 한국음식의 변천과 특징

(1) 한국음식의 변천

1) 고려시대 이전
① 신석기 중기 : 농업으로 조, 기장, 수수, 피(잡곡농사)를 지었으며, 민무늬 토기를 사용했다.
② 제천의식
  ㉠ 영고 : 부여(정월)
  ㉡ 동맹 : 고구려(10월)
  ㉢ 무천 : 동예(10월)
  ㉣ 제 : 삼한(5월과 10월)
③ 삼국시대의 조리기구 : 정, 가마솥, 노구솥(초두), 시루
④ 삼국시대 귀족층의 상차림 : 밥과 국, 기본장류인 된장, 식초, 초장, 소금으로 절여 만든 김치, 생선구이, 맥적, 포 / 후식으로 엿, 과일, 시루떡, 한과

2) 고려시대
① 양곡이 증산되고 반찬이 더욱 발달하여 전반적인 식생활 구조가 확립되었다.
② 쌀의 증산과 숭불정책으로 떡, 과정류, 차 등이 발달하여 다과상 차림이 규범 정착하였다.
③ 짠지 형태의 지에 국물 있는 침채류가 분화·발달하였다.
  ㉠ 지 : 장아찌나 짠지류
  ㉡ 침채류 : 오늘날의 국물 있는 김치인 나박김치, 동치미 등 침채류 문화가 발달하였다.
④ 원나라의 혼인정책으로 인해 소주, 상화가 유입되었다
⑤ 쌈 싸먹는 풍습, 유밀과 등이 원나라에 전해졌다.

3) 조선시대
① 한국 식생활 문화의 전통 정비하고 유교의 영향으로 의례음식의 조리방법과 상차림이 고도로 발달하였다.
② 잣죽·삼계탕 등의 "양생 음식"이 발달하였다.
③ 분청사기, 청화백자, 옹기, 유기의 보급으로 식기 문화의 격조가 높아졌다.

④ 임진왜란 전후로 "고추, 호박" 등이 유입되어 재배에 성공하였다.
⑤ 향토 음식이 발달하였다.

4) 근·현대
① 커피가 궁중에 처음 들어오고(1890), "손탁호텔"에서 처음 판매하였다.
② 1945년 광복 후 식생활 매우 어려워져 밀가루 배급, 감자류나 초근목피로 끼니 때웠다.
③ 혼식·분식 장려책으로 1960년대 밥 위주의 식생활에서 변화하는 계기가 되었다.
④ 1970년대에는 쌀 위주의 식단에서 밀가루 위주의 식생활 독려하였다
⑤ 1980년대에는 고도의 경제성장과 산업화로 인해 국민의 식생활에 대한 가치관이 변화하였다.
⑥ 2008년 한식 세계화 사업이 추진되었다.

(2) 한국음식의 특징

1) 주식과 부식이 뚜렷이 구분되어 있다.
2) 농경 민족으로 다양한 곡물 음식이 발달하였다.
3) 음식의 종류와 조리법이 다양하다.
4) 음식 맛이 다양하고 향신료를 많이 사용한다.
① 간장, 설탕, 파, 마늘, 깨소금, 참기름, 후춧가루, 고춧가루 등을 사용
② 여러 가지 양념을 통한 복합적인 맛을 즐김
5) 음식에 있어서 약식동원의 사상을 중히 여겼다.
① 약식동원(藥食同源) : 약과 음식은 그 근원이 같다는 말로 좋은 음식은 약과 같은 효능을 낸다는 말
② 일상의 음식에 한약재가 되는 재료들이 흔히 쓰인다(꿀, 후추, 계피, 잣, 인삼, 생강, 대추, 밤, 오미자 등).
③ 양념이란 말을 한자어로 나타내면 '약념(藥念)'이 되는데, 이는 '몸에 이로운 약이 되도록 염두에 둔다'는 뜻이다.
④ 음식에 약(藥)자가 붙은 경우가 많다[약과(藥果), 약식(藥食), 약주(藥酒)].
6) 음식 맛을 중요하게 여기고, 잘게 썰거나 다지는 방법이 많이 쓰인다.
7) 일상식과 의례 음식의 구분이 있다.
① 매일 먹는 일상식이 있다.
② 통과의례(돌, 혼례, 회갑, 상례, 제례 등)에 먹는 의례음식이 정해져 있다.

의례	음식
백일상	백설기, 수수경단, 미역국, 흰밥
돌상	떡(백설기, 송편, 수수경단, 찹쌀경단), 쌀, 국수

의례	음식
회갑	고배상(떡, 숙과, 생실과, 유과), 면상
폐백상	편포 또는 육포, 폐백 대추, 술, 메, 갱, 삼탕, 삼적, 편, 포
제상	전, 해, 나물, 건과, 생실과, 제주

8) 절식과 시식의 풍습이 있다.
① 절식(節食) : 다달이 먹는 명절 음식
② 시식(時食) : 계절 음식

명절(음력)	음식
설날(1월 1일)	떡국, 배추김치, 장김치, 누름적, 전, 인절미, 식혜, 수정과, 약식
정월 대보름(1월 15일)	오곡밥, 묵은나물, 김구이, 나박김치, 귀밝이술, 부럼
2월 중화절(2월 1일)	노비송편, 약주, 실과, 약포
3월 삼짇날(3월 3일)	진달래 화전, 진달래 화채, 포, 절편
4월 초파일(4월 8일)	느티떡, 미나리나물, 어만두
5월 단오날(5월 5일)	수리떡, 증편, 앵두화채
6월 유두(6월 15일)	편수, 밀전병, 화전, 보리수단
7월 칠석(7월 7일)	밀전병, 육개장, 오이소박이, 규아상
8월 한가위(8월 15일)	토란탕, 송편, 햇과일, 햅쌀밥, 송이산적, 삼색나물, 배숙, 잡채, 갈비찜
9월 중구(9월 9일)	국화전, 국화주, 유자 화채, 호박떡
10월 상달(10월 5일)	무시루떡, 장국
11월 동지	팥죽, 동치미, 수정과
12월 그믐	비빔밥, 완자탕, 장김치

9) 시대별로 변천 과정을 거쳐 발달하였다.
① 선사시대 : 자연식품 채취
② 삼국시대 : 벼농사의 정착, 식생활의 안정, 식생활의 계층화 형성
③ 통일신라시대 : 농경발달, 한국식생활체제 정착
④ 고려시대 : 빈번한 외국과의 교류로 식생활 변천과 발전 이룸
⑤ 조선시대 : 오늘날의 한국음식문화 완성

10) 향토음식이 발달하였다.
지형과 기후에 따른 특색 있는 고유한 음식이 발달하였다.

2. 지역적 향토음식의 특징

(1) 서울음식의 특징
   ① 짜지도 않고, 맵지도 않아 전국적으로 중간정도의 맛이다.
   ② 재료를 곱게 채 썰거나 음식에 넣는 양념들을 곱게 다져서 쓰며 정성을 들인다.
   ③ 음식의 분량은 적으나 가짓수는 많다.
   ④ 모양을 예쁘고 작게 만들어 멋을 많이 낸다.
   ⑤ 설렁탕이나 곰탕 등의 탕반이 유명하다.
   ⑥ 사치스럽고 화려한 음식이 발달하였다.
   ⑦ 김치는 짜지도 싱겁지도 않으며 섞박지, 보쌈김치, 총각김치, 깍두기가 유명하다.

(2) 경기도 음식의 특징
   ① 개성 음식을 제외하고는 소박하면서 다양하다.
   ② 음식의 간은 세지도 약하지도 않은 서울과 비슷한 정도이다.
   ③ 양념을 많이 쓰지 않는다.
   ④ 걸쭉하고 구수한 음식이 많다.
   ⑤ 떡을 잘 만들어 시루떡, 인절미, 절편, 수수부꾸미, 등 지역마다 별미떡이 많다.
   ⑥ 수원은 소갈비구이가 유명하다.

(3) 충청도 음식의 특징
   ① 생선은 구하기가 어려워 옛날에는 절인 자반 생선을 이용하였다.
   ② 꾸밈이 별로 없다.
   ③ 산채와 버섯이 많아 그 음식이 유명하다.
   ④ 된장을 많이 쓴다.
   ⑤ 간도 알맞고 소박한 김치를 담그며 갓, 미나리, 대파, 삭힌고추, 청각 등을 잘 쓴다.

(4) 강원도 음식의 특징
   ① 산악지방에서는 옥수수, 메밀, 감자 등이 많아 이를 이용한 음식이 다른 지방보다 매우 많다.
   ② 소박하며 먹음직스럽다.
   ③ 주식은 강냉이밥, 메밀막국수, 강냉이범벅, 감자범벅 등이다.
   ④ 김치는 동해의 싱싱한 생태와 오징어가 김치를 특색있게 만든다.
   ⑤ 양양의 송이가 유명하다.

(5) 경상도 음식의 특징
   ① 음식이 대체로 맵고 간이 센 편으로 투박하지만 칼칼하고 감칠맛이 있다.
   ② 방앗잎과 산초를 넣어 독특한 향을 즐긴다.

③ 다른 지방보다 된장을 많이 먹는 편이다.
④ 마늘, 고추를 많이 쓰지만 생강은 많이 쓰지 않는다.
⑤ 배추는 짜게 절여 젓국을 많이 넣은 소를 넣고 차곡차곡 눌러담는다.

(6) 전라도 음식의 특징
① 재료가 많고 음식에 정성이 많이 들어가고 사치스러운 편이다.
② 음식의 가짓수를 많이 한다.
③ 간이 센 편이고 고춧가루를 많이 쓴다.
④ 김치는 해산물이 풍부해 젓갈을 많이 넣고 특징은 맵고 짭짤하고 맛이 진하며 감칠맛이 난다.
⑤ 순창고추장, 나주집장, 전주콩나물밥이 유명하다.

(7) 제주도 음식의 특징
① 주된 재료는 어류와 해초이며 된장으로 맛을 내는 경우가 많다.
② 꾸밈이 없고 소박한 음식이다.
③ 음식을 많이 차리거나 양념을 많이 넣거나 여러 가지 재료를 섞어서 만드는 것이 별로 없다.
④ 간은 대체로 짜며 회를 많이 먹는다.
⑤ 재료가 가지고 있는 맛을 그대로 살리는 것이 특색이다.
⑥ 김치종류도 많지 않고 기간도 오래 먹게 담지 않는다.
⑦ 자리돔, 옥돔이 유명하다.

3. 한국 음식의 종류와 조리법

(1) 주식류
일상식에서는 밥이 주로 이용, 죽, 떡국, 국수 등이 간단한 주식

1) 밥
① 흰밥은 한국 음식의 대표적인 주식이다.
② 잡곡밥은 보리, 조, 수수, 콩, 팥, 녹두 등을 섞어 지은 밥이다.
③ 별미밥은 비빔밥, 각종 채소나 버섯, 어패류 등을 섞어 지은 밥이다.
④ 장국밥은 장국에 밥을 말은 국밥이다.
⑤ 밥을 지을 때는 씻은 쌀 부피의 약 1.2배의 물을 붓고 끓인 다음 충분히 뜸을 들여 완전히 호화된 상태이다.
⑥ 쌀의 종류, 분량, 건조도, 솥의 종류, 열원의 종류에 따라 밥 짓는 시간과 물의 분량 다르게 조절한다.
⑦ 가마솥에 지은 밥이 가장 맛이 좋다.

2) 죽

① 초기 농경 사회부터 발달한 음식이다.
② 곡물 음식 중 가장 먼저 발달고도의 경제성장과 산업화로 인해 먼저 발달한 음식이다.
③ 조선시대 궁중에서는 아침에 먼저 초조반상으로 죽을 올렸다
④ 주식 뿐만 아니라 보양식, 별미식, 병인식 등으로 이용되고 경제성장과 산업화로 인해 간편하고 운반이 편한 반조리된 상태로 공급된다.
⑤ 유동식의 한 종류이다.
⑥ 곡물에 5~8배 정도의 물을 붓고 오랫동안 끓여 완전히 호화시킨다.
- 호화는 녹말에 물을 가하여 가열하면 팽윤(膨潤)하고 점성도가 증가하여 전체가 반투명인 거의 균일한 콜로이드 물질이 되는 현상이다(쉽게 쌀에서 밥이 되는 변화로 보면 됨).

⑦ 죽의 종류에는 옹근죽, 원미죽, 무리죽이 있다.
  ㉠ 옹근죽은 쌀알 그대로 쑤는 죽이다.
  ㉡ 원미죽은 쌀알을 반전도로 갈아서 쑤는 죽이다.
  ㉢ 무리죽은 쌀알을 완전히 곱게 갈아 쑤는 죽이다.
⑧ 쌀만으로 끓이거나 쌀과 함께 잡곡류, 어패류, 수조육류, 채소류, 향약류, 견과류, 종실류 등을 넣어 끓인다.

3) 떡 국

① 떡국은 멥쌀로 만든 가래떡을 타원형으로 얄팍하게 썰어 육수에 넣고 끓인 것으로, 설날에 먹는 대표적인 음식이다.
② 충청도 생떡국은 멥쌀가루를 반죽하여 가래떡 모양으로 만들어 썰어서 바로 끓이는 떡국이다.
③ 개성 조랭이 떡국은 가늘게 만든 흰떡을 대칼로 누에고치 모양으로 만들어 장국에 넣어 끓인 떡국이다.

4) 국수와 만두

① 국 수
  ㉠ 국수는 주로 잔치 때 손님 접대용으로 차리거나 평상시 점심 때 간단하게 먹기 위한 음식으로 이용하였다.
  ㉡ 국수의 종류에 따라 메밀국수, 밀국수, 녹말국수, 칡국수가 있다.
  ㉢ 양지머리나 멸치국물을 이용, 고명으로 달걀지단, 고기, 애호박을 올리는 국수장국(온면)이 있다.
  ㉣ 국수장국에 넣을 국수는 토렴하여 따뜻하게 준비했다.
    - 토렴은 삶은 국수나 국밥용의 고기 건더기 등을 뜨겁게 하려고 뜨거운 장국을 부었다 따라 내고 다시 붓는 동작이다.
  ㉤ 국수를 삶아 고기와 채소 등을 넣고 갖은 양념으로 비빈 비빔국수가 있다.
  ㉥ 메밀국수로 만든 냉면이 있다.

ⓢ 국수를 찬 콩국에 마는 콩국수가 있다.
② 만 두
㉠ 만두는 국수와 마찬가지로 간단한 주식이다.
㉡ 주로 북쪽지방 사람들이 즐기는 음식으로 만둣국, 떡만둣국 등을 만들어 주식으로 이용하였다.
㉢ 익히는 방법에 따라 찐만두, 군만두, 물만두가 있다.
㉣ 모양에 따라 둥근만두, 규아상(미만두), 편수, 병시, 석류탕이 있다.
  ⓐ 규아상은 궁중에서 해먹던 만두, 해삼모양으로 주름을 잡았다 하여 붙여진 이름의 만두이다.
  ⓑ 편수는 애호박, 오이 등을 채썰어 볶아 소로 넣은 여름 만두, 물에 떠 있는 조각같다하여 붙여진 이름의 만두이다.
  ⓒ 병시는 숟가락 모양을 닮은 만두이다.
  ⓓ 석류탕는 석류처럼 생긴데서 붙여진 이름의 만두이다.

(2) 부식류

1) 국과 탕
① 국(갱)은 밥과 함께 먹는 국물요리. 재료에 물을 붓고 간장이나 된장으로 간을 하여 끓인 것이다.
㉠ 맑은장국은 소금이나 국간장으로 간을 한다.
㉡ 된장국(토장국)은 된장으로 간을 한다.
㉢ 곰국은 뼈나 살코기, 내장을 푹 고아 만든 국이다.
㉣ 냉국은 국물을 차게 만든 국이다.
  • 갱은 제사에 쓰는 국, 무와 다시마 등을 얇게 썰어 넣고 끓인 것이다.
② 탕
㉠ 탕은 국의 높임말로 원래의 뜻은 제사에 쓰는, 건더기가 많고 국물이 적은 국. 소탕, 어탕, 육탕 등을 말한다.
㉡ 장국밥 형태는 탕을 중심으로 밥과 김치만을 간단하게 차리는 형태이다.

2) 찌개와 전골
① 찌개는 국에 비해 건더기가 많고 국물을 적게 한 음식으로 궁중에서는 조치라고 한다(간을 하는 재료와 주재료에 따라 구분한다).
② 전골은 즉석에서 끓이면서 먹는 음식이다.

3) 생채와 숙채
채소요리는 크게 생채와 숙채로 나눌 수 있다.
① 생채는 채소를 익히지 않고 양념장에 무치는 것이다. 배추, 상추, 오이, 미나리, 더덕, 산나물

등이다. 겨자채와 냉채류도 속한다.
② 숙채는 볶아서 익히는 나물과 데치는 나물로 나눌 수 있다. 잡채, 죽순채, 탕평채, 구절판 등이 있다.

4) 조림, 볶음, 찜, 선
① 조림은 육류, 생선, 채소 등을 간장이나 고추장에 조려 저장성을 길게 한 것이다. 맛이 담백한 생선은 간장으로 맛을 내는 것이 대표적이고, 붉은살 생선이나 비린내가 많이 나는 생선은 고추장이나 고춧가루 맛을 내는 것이 대표적이다.
② 볶음은 재료를 적당하게 썰어 냄비에 기름을 두르고 조미하여 저어가면서 익히는 것이다.
③ 찜은 수증기를 이용하여 가열하거나 닭찜같이 국물을 적게 하여 익히는 음식이다.
④ 선은 주로 호박, 오이, 가지와 같은 식물성 재료를 이용하여 소고기, 버섯 등으로 소를 만들어 넣은 음식이다. 채소를 이용한 찜으로, 좋은 음식이라는 뜻을 가지고 있다.

5) 구이, 적과 전, 지짐
① 구이는 인류가 불을 사용하면서 가장 먼저 사용하게 된 조리법이다.
- 맥적은 오늘날 '너비아니(불고기)'의 기원, 고기를 장과 마늘로 조미하여 직접 불에 구운 것이다.

② 적은 크게 산적, 누름적, 지짐누름적으로 구분한다.
  ㉠ 산적은 익히지 않은 재료를 같은 길이로 썰어 꼬치에 꿰어 구운 것이다.
  ㉡ 누름적은 재료를 익혀 꼬치에 꿴 것이다.
  ㉢ 지짐누름적은 재료를 익혀 꼬치에 꿰어 밀가루를 묻히고 달걀옷을 씌워 지진 전의 일종이다.
③ 전은 생선 등의 재료를 손질해서 소금 간을 하여 밀가루, 달걀옷을 입혀서 기름 두른 팬에 지져낸 것으로 통틀어 전유어라고 한다.
④ 지짐은 빈대떡이나 파전처럼 재료를 녹두나 밀가루 등의 반죽에 섞어서 기름에 지진 음식이다.

6) 회, 편육, 족편, 묵
① 회는 육류, 어패류, 채소류를 날로 또는 익혀서 초간장이나 초고추장, 겨자즙 또는 소금에 찍어 먹는 음식이다.
② 편육은 소고기나 돼지고기를 덩어리째 삶아 베 보자기로 싸서 무거운 것으로 누른 다음 얇게 썬 것이다.
③ 족편은 쇠족과 육류의 질긴 부위인 힘줄, 껍질 등에 물을 부어 약한 불로 오래 끓여 차게 굳힌 다음 얇게 썬 음식이다.
④ 묵은 녹말과 물의 비율을 1:6으로 쑤어 그릇에 부어서 응고시킨 것이다.

7) 쌈
쌈은 상추, 깻잎, 배추잎, 취잎, 호박잎, 김 또는 생미역에 밥을 싸먹는 것이다.

복쌈은 정월대보름에 오곡밥을 9가지 묵은 나물과 함께 배춧잎이나 김에 싸서 먹는 것이다. 복을 싸서 먹는다는 의미가 있다.

8) 마른반찬, 젓갈, 장아찌
① 마른반찬은 자반, 포, 튀각, 부각 등이다.
　㉠ 튀각은 다시마, 참죽나무잎, 호두 등을 기름에 튀긴 것이다.
　㉡ 부각은 고추, 김, 다시마, 깻잎, 감자, 참죽나무잎 등에 찹쌀풀이나 밀가루풀을 입혀 말렸다가 튀긴 것이다.
② 젓갈은 어패류를 소금에 절여서 만드는 저장식품이다.
③ 장아찌는 마늘, 마늘종, 깻잎, 무, 더덕 등의 채소를 간장이나 소금물에 담그거나 고추장, 된장에 박아 저장해두었다가 먹는 반찬 '장과'라고도 한다.

9) 김치
김치는 배추나 무 등의 채소류를 절여 발효시킨 음식이다.

10) 장류
장류는 간장, 된장, 고추장, 청국장 등이다.
- 콩으로 만든 우리 고유의 발효식품이다.
- 음식의 맛을 내는 주요 양념이다.
- 만드는법 : 음력 10월에 메주콩을 무르게 삶아 찧어서 네모지게 메주를 빚는다. 빚은 메주를 따듯한 곳에 보관하여 곰팡이를 충분히 띄워 말린다. 음력 정월 이후 소금물에 담가 장을 담근다. 장맛이 충분히 우러나면 국물만 보아 간장으로 쓰고 건더기는 모아 소금으로 간하여 따로 항아리에 꼭꼭 눌러 담아 된장으로 쓴다.
① 간장은 국, 찌개, 나물 등에는 색이 옅은 햇간장을 사용하고, 조림, 포, 초 등의 조리와 육류의 양념에는 묵은 진간장을 사용한다.
② 고추장은 세계에서 유일하게 매운 맛을 내는 복합 발효 조미료이다.
　ⓐ 탄수화물의 가수분해로 생긴 단맛이 난다.
　ⓑ 콩단백에서 오는 아미노산의 감칠맛이 난다.
　ⓒ 고추의 매운 맛이 있다.

(3) 떡 류

1) 찌는 떡
찌는 떡은 곡물 가루에 물을 내려 시루에 넣고 그대로 찌거나 고물을 얹어가며 켜켜로 안쳐서 찐 떡이다.

① 설기떡(켜가 없는 무리떡)은 백설기, 쑥설기가 있다.
② 켜떡은 팥시루떡, 무시루떡, 녹두편, 깨편이 있다.
③ 두텁떡은 거피팥고물로 만든 떡으로 궁중에서 임금님의 탄생일에 만들었다.

2) 치는 떡

치는 떡은 쌀을 그대로 찌거나 쌀가루에 물을 넣고 반죽하여 쪄서 뜨거울 때 절구나 안반에 쳐서 끈기가 나게 하는 떡이다.

① 가래떡은 멥쌀가루를 쪄서 안반에 놓고 매우 쳐서 길게 늘여 만들어 가래떡이라 한다.
② 절편은 멥쌀가루를 푹 찐 다음 안반에 놓고 매우 쳐서 가래떡처럼 비벼 여러 가지 무늬의 떡살로 찍어 낸 떡이다.
③ 개피떡은 바람떡이라고도 하며, 멥쌀가루를 물에 버무려 쪄 그대로 또는 쑥을 넣고 절구에 찧어 밀대로 얇게 민 뒤 팥소를 넣고 접어 반달 모양으로 눌러 찍어낸 떡이다.
④ 인절미는 찹쌀 고두밥을 시루에 쪄서 안반이나 절구에 친 다음 먹기 좋은 크기로 갸름하거나 네모나게 썰어 고물을 묻힌 떡이다.
⑤ 단자는 반죽한 찹쌀가루를 익혀 대추 다진 것 등을 소로 넣고 빚어 고물에 묻힌 떡이다.

3) 지지는 떡

지지는 떡은 찹쌀 등 찰곡식 가루를 익반죽하여 모양을 빚어 기름에 지진 떡이다. 화전, 부꾸미, 주악 등이 있다.

- 주악은 찹쌀가루를 익반죽하여 깨나 녹두를 넣고 빚어 기름에 지진 떡이다. 주로 떡을 괼 때 웃기(고명)로 사용한다.

4) 삶은 떡

삶은 떡은 쌀가루를 익반죽하여 자르거나 경단을 빚어서 끓는 물에 삶아 만든 것이다.
- 찹쌀경단은 찹쌀가루를 익반죽하여 동그랗게 빚어 삶아 콩고물에 굴린 떡이다.
- 수수경단은 백일부터 9세까지 생일날에 해주면 액을 면할 수 있다는 풍속이 있다.

(4) 과정류

한국의 전통과자, 한과, 과줄이다.

1) 유 과

유과는 찹쌀가루를 술로 반죽하여 찜통에 찐 다음 방망이로 꽈리가 생기도록 찐 후 여러 모양으로 썰어 그늘에 말렸다가 기름에 튀겨 꿀과 튀밥, 깨 등을 묻혀서 만든다. 강정, 산자, 빈사과가 있다.

2) 유밀과

유밀과는 밀가루를 주재료로 하여 기름과 꿀을 부재료로 섞고 반죽해서 모양을 만들어 튀긴 다음 꿀이나 조청을 발라 만든다. 흔히 약과로 불린다. 약과, 만두과, 매작과, 중박계, 채소과가 있다.

3) 다 식

다식은 날로 먹을 수 있는 식재료들을 가루 내어 꿀로 반죽하여 다식판에 넣어 찍어낸 것이다. 송화다식, 녹말다식, 흑임자다식이 있다.

4) 숙실과

숙실과는 과실이나 열매를 찌거나 삶아 꿀에 졸인 것이다. 만드는 방법에 따라 '초'와 '란'으로 나뉜다.
- 초는 열매를 통째 익혀서 꿀에 졸인 것이다. 대추초, 밤초 등이 있다.
- 란은 열매를 익힌 후 으깨어 설탕이나 꿀에 졸인 다음 다시 본래의 형태와 비슷하게 빚은 것이다. 생란, 율란, 조란 등이 있다.

5) 정 과

정과는 수분이 적은 과일이나 생강, 연근, 당근, 인삼 등을 오랫동안 저장할 수 있게 꿀이나 설탕에 재거나 졸여서 만든 음식이다. 생강정과, 연근정과, 당근정과, 인삼정과 등이 있다.

6) 과 편

과편는 과실이나 열매를 삶아 거른 즙에 녹말가루를 섞거나 단독으로 설탕이나 꿀을 넣어 졸여 묵처럼 굳힌 것이다. 앵두편, 복분자편, 모과편, 딸기편, 포도편 등이 있다

7) 엿강정

엿강정는 여러 가지 곡식이나 견과류를 조정 또는 엿물에 버무려서 서로 엉기게 한 뒤 반대기를 지어서 약간 굳었을 때 모양을 내어 썬 과자이다. 깨엿강정, 땅콩엿강정, 쌀엿강정 등이 있다.

(5) 음청류

술 이외의 기호성 음료의 총칭, 우리나라의 전통음료이다.

1) 차

차는 향약 재료들을 섞어 만든 차, 한약재를 이용하여 만든 약재차, 찹쌀·보리·율무 등의 곡류를 볶거나 낟알 그대로 끓이는 곡차, 과실차 등이 있다.

2) 탕

탕은 꽃, 과일 말린 것 등 여러 가지 향약재를 끓이거나 오랫동안 졸여서 꿀처럼 되직한 형태의 고를 만들어 저장해 두었다가 조금씩 타서 마시는 음료로 제호탕이 있다.

3) 수정과

수정과는 계피, 생강, 통후추를 끓인 물에 설탕이나 꿀을 넣고 차게 식힌 후 잣이나 곶감, 배, 감 등을 띄운 음료이다.

4) 식 혜

식혜는 쌀밥이나 찹쌀밥에 엿기름을 우려낸 물을 가하여 녹말을 당화시킨 것이다.

5) 밀 수

밀수는 꿀물이나 설탕을 끓여 시럽을 만들어 송홧가루를 띄운 송화밀수 생강을 끓인 물에 설탕과 배를 넣어 투명하게 졸인 배숙이다.

6) 화 채

화채는 얇게 저민 여러 가지 제철 과일이나 식용 꽃잎 등을 꿀이나 설탕에 재웠다가 물을 붓고 차게 만든 음료이다.

4. 한국음식의 양념

소금	가장 기본적인 조미료 • 호렴 : 칼슘과 마그네슘이 많이 함유되어 있음, 굵은 소금이라고 함 • 재염 : 굵은 소금을 정제하여 불순물을 제거한 것, 꽃소금이라고 함
간장	콩으로 메주를 쑤어 말린 후 그것을 소금물에 담가 그 맛이 우러나면 달여 간장을 만듦, 건더기는 된장으로 사용
고추장	우리 고유의 양념, 찹쌀가루 반죽을 쪄서 메줏가루와 혼합 후 당회되어 묽어지면 고운 고춧가루를 섞고 숙성시킴
깨소금	참깨를 깨끗이 씻어 물기를 뺀 후 볶아 소금 입자 정도로 빻은 것
참기름	참깨를 볶아서 짠 기름, 짙은 향과 발연점이 낮아 튀김기름으로 사용하지 않고 나물을 무칠 때 사용함
고춧가루	캡사이신의 매운맛 성분 함유
후추	생선이나 육류의 비린내나 누린내를 없애 주는 역할
식초	냉채음식의 양념, 초간장이나 초고추장의 양념을 만듦 산 성분이 있어 엽록소의 색을 갈변시킴

새우젓	산란기인 음력 6월에 가장 맛이 좋으며, 이를 육젓이라 부름
파	뿌리쪽의 흰부분을 주로 다져 양념으로 사용
마늘	가장 널리 사용되는 양념. 알리신의 매운맛 성분이 비타민 B_1의 흡수를 도와줌
생강	냄새가 심한 육류와 어패류의 비릿한 냄새를 효과적으로 없애주는 양념
맛술	술 대신 음식에 사용하기 위해 개발된 것으로 생선의 비린내를 없애 줌

5. 한국음식의 고명

(음식의 모양과 맛을 돋보이게 하고, 맛을 더하기 위해 음식 위에 얹거나 뿌리는 것)

달걀지단	미나리초대	은행	석이버섯	실고추
대파채, 실파채	풋고추, 홍고추	대추	참깨	잣

6. 한국음식의 기본썰기

	반달썰기	반을 갈라 둥근 모양을 살려가며 써는 방법
	은행잎썰기	반달썰기 한 것을 한 번 더 썰거나 둥근 재료를 길이로 4등분한 후 써는 방법
	어슷썰기	오이, 파, 고추 등 가늘고 길쭉한 재료를 도마 위에 놓고 칼을 사선으로 향하여 옆으로 어슷하게 써는 방법
	둥글썰기 (통째썰기)	모양이 둥글고 긴 오이, 당근, 연근 등을 통째로 써는 방법
	나박썰기	재료를 정사각형이 되도록 얇게 써는 방법
	마름모썰기	다이아몬드 양으로 써는 방법, 4면의 길이가 같고 서로 마주 보는 각도가 서로 같아야 함
	돌려깎기	오이, 호박 등 속에 무른 씨가 있으므로 이를 제거하고 채를 썰기 위해 여러겹으로 돌려 깎아 줌
	채썰기	재료를 얇게 저며 썬 후 가지런히 모아놓고 가늘고 길게 썬 것. 젓가락을 사용하는 한국 음식에 가장 많이 등장하는 썰기 방법

	다지기	채 썬 재료를 가지런히 모아 직각으로 잘게 써는 방법. 주로 파, 마늘, 생강 등 양념을 만드는데 사용됨
	골패썰기	중국사람들이 오락으로 즐기는 도박 게임에서 사용하는 뼈로 만든 패를 골패라 함. 직사각형으로 길고 얇게 썬 형태
	깍둑썰기	무, 감자 등 단단한 채소를 가로·세로·두께 모두 2cm 정도의 같은 크기의 정육면체로 써는 방법. 주로 깍두기, 찌개, 조림 등에 사용됨

한식조리산업기사
레시피 Recipe

수험자 유의사항

※ 다음 유의사항을 고려하여 요구사항을 완성합니다.

1. 조리산업기사로서 갖추어야 할 숙련도, 재료관리, 작품의 예술성을 나타내어야 합니다.
2. 지정된 시설을 사용하고, 지급재료 및 지참공구목록 이외의 조리기구는 사용할 수 없으며, 지참 공구목록에 없는 단순 조리기구(수저통 등) 지참 시 히험위원에게 확인 후 사용합니다.
3. 지급재료는 1회에 한하여 지급되며 재지급은 하지 않습니다.
   (단, 수험자가 시험 시작 전 지급된 재료를 검수하여 재료가 불량하거나 양이 부족하다고 판단될 경우에는 즉시 시험위원에게 통보하여 교환 또는 추가지급을 받도록 합니다.)
4. 요구사항의 규격은 "정도"의 의미를 포함하며, 지급된 재료의 크기에 따라 가감하여 채점됩니다.
5. 위생복, 위생모, 앞치마, 마스크를 착용하여야 하며, 시험장비, 가스레인지(가스밸브 개폐기 사용), 조리도구 등을 사용할 때에는 안전사고 예방에 유의합니다.

6. 다음 사항은 실격에 해당하여 채점 대상에서 제외됩니다.
   가) 수험자 본인이 시험 도중 시험에 대한 포기 의사를 표현하는 경우
   나) 위생복, 위생모, 앞치마, 마스크를 착용하지 않은 경우
   다) 시험시간 내에 과제를 모두 제출하지 못한 경우
   라) 문제의 요구사항대로 과제의 수량이 만들어지지 않은 경우
   마) 완성품을 요구사항의 과제(요리)가 아닌 다른 요리(예, 달걀말이→달걀찜)로 만들었거나, 요구사항에 없는 과제(요리)를 추가하여 만든 경우
   바) 불을 사용하여 만든 과제가 과제특성에 벗어나는 정도로 타거나 익지 않은 경우
   사) 요구사항의 조리기구(석쇠 등)를 사용하여 완성품을 조리하지 않은 경우
   아) 수험자지참준비물 이외 조리기술에 영향을 줄 수 있는 기구를 사용한 경우
   자) 시험 중 시설·장비(칼, 가스레인지 등) 사용 시 시험위원 및 타수험자의 시험 진행에 위해를 일으킬 것으로 시험위원 전원이 합의하여 판단한 경우
   차) 요구사항에 표시된 실격 및 부정행위에 해당하는 경우

7. 완료된 과제는 지정한 장소에 시험시간 내에 제출하여야 합니다.
8. 가스레인지 화구는 2개까지 사용 가능합니다.
9. 과제를 제출한 다음 본인이 조리한 장소의 주변을 깨끗이 청소하고 조리기구를 정리정돈한 후 시험위원의 지시에 따라 퇴실합니다.
10. 시험시작 전 가벼운 몸 풀기(스트레칭) 동작으로 긴장을 풀고 시험을 시작합니다.

1형 총재료목록

비빔국수, 두부전골, 오이선, 어채　　　　　　　　시험시간 2시간

구 분	재 료 명	규 격	단위	수량	비 고
1	소면		g	70	
2	소고기	우둔,살코기	g	70	
3	소고기	사태	g	20	
4	건표고버섯	불린 것	개	4	
5	석이버섯		g	1	
6	오이		개	1.5	
7	달걀		개	4	
8	두부		g	200	
9	무	길이로 5cm 이상	g	60	
10	당근		g	60	
11	실파		g	40	2뿌리
12	숙주	생것	g	50	
13	양파		개	1/4	
14	미나리		g	40	
15	대구살		g	200	
16	홍고추		개	2	
17	밀가루	중력분	g	20	
18	전분	감자전분	g	60	
19	청주		mL	20	
20	실고추		g	1	
21	대파	흰부분(4cm 정도)	토막	1	
22	마늘		쪽	3	
23	생강		g	20	
24	국간장		mL	10	
25	진간장		mL	20	
26	흰설탕		g	20	
27	소금		g	40	
28	깨소금		g	10	
29	참기름		mL	10	
30	고추장		g	10	
31	식초		mL	20	
32	검은후춧가루		g	3	
33	흰후춧가루		g	1	
34	식용유		mL	60	

1형 과제별 재료목록

A. 비빔국수	B. 두부전골	C. 오이선	D. 어채
소면	두부	오이	흰살생선
소고기	소고기(살코기)	건표고버섯	오이
건표고버섯	소고기(사태)	소고기	홍고추
석이버섯	무	달걀	건표고버섯
오이	당근	식용유	달걀
달걀	실파	소금	전분
실고추	숙주	흰설탕	생강
진간장	건표고버섯	식초	소금
대파	달걀	대파	흰후춧가루
마늘	양파	마늘	청주
소금	미나리	진간장	고추장
깨소금	밀가루	검은후춧가루	식초
참기름	전분	참기름	흰설탕
검은후춧가루	마늘	깨소금	식용유
흰설탕	대파		
식용유	진간장		
	국간장		
	소금		
	참기름		
	식용유		
	검은후춧가루		

비빔국수

비빔밥과 함께 한식의 비빔 문화를 상징하는 음식으로 계절과 기호에 따라 다양하게 먹을 수 있는 음식이 비빔국수다. 원래 간장 양념에 버무려 먹는데 궁중에서 주로 만들었던 만큼 재료가 화려하다.

비빔국수

재료

- 소면 70g
- 오이 1/2개
- 소고기(살코기) 30g
- 건표고버섯 1개
- 석이버섯 1g
- 실고추 1g
- 달걀 0.5개
- 식용유 1T

소고기, 표고버섯 양념장

- 진간장 2t
- 설탕 1/2t
- 다진파 1t
- 다진마늘 1/2t
- 후춧가루 약간
- 깨소금 1/4t
- 참기름 1t

소면 양념장(유장)

- 진간장 1/2T
- 설탕 1/2T
- 참기름 1/2T

요구사항

1. 소고기, 표고버섯, 오이는 5cm×0.3cm×0.3cm로 썰어 양념하여 볶으시오.
2. 삶은 국수는 유장처리하고, 황·백 지단은 5cm×0.2cm×0.2cm로 써시오.
3. 채 썬 석이버섯, 황·백 지단, 실고추를 고명으로 사용하시오.

만드는 법

1. 오이는 돌려 깎아 5×0.3×0.3cm 굵기로 채 썰어 소금에 절인 후 수분을 제거한다.
2. 파, 마늘은 곱게 다져서 양념장을 만든다.
3. 소고기는 결대로 5×0.3×0.3cm로 채 썰어 수분을 제거하여 양념장에 무친다.
4. 불린 표고버섯은 기둥과 수분을 제거하여 얇게 포를 떠서 5×0.3×0.3cm로 채 썰어 양념장에 무친다.
5. 석이버섯은 불려 소금으로 비벼 이끼와 돌을 제거하여 곱게 채 썰어 소금, 참기름으로 양념한다.
6. 실고추는 2cm로 썬다.
7. 달걀은 황·백으로 나누어 약간의 소금을 넣어 지단을 부쳐 식으면 5×0.2×0.2cm로 채 썬다.
8. 팬에 식용유를 두르고 오이, 석이버섯, 표고버섯, 소고기 순서로 볶는다.
9. 냄비에 물 4C을 붓고 끓으면 국수를 넣고 끓어오르면 찬물 1/2C을 3번 반복하여 넣어 국수가 익으면 찬물에 비벼가면서 헹군다.
10. 국수에 물기를 제거한 후 설탕, 진간장, 참기름을 넣고 무친 다음 오이, 표고버섯, 소고기를 넣어 무쳐 완성 그릇에 담고 황·백 지단, 석이버섯, 실고추를 고명으로 얹는다.

조리 point

- 삶은 국수는 유장에 무칠 때 설탕을 먼저 넣어서 하면 국수가 덜 붙는다.
- 국수 유장에 무칠 때 간장 색에 주의하여야 한다.
- 석이버섯을 소금으로 비벼 이끼 제거가 안 되면 칼끝으로 긁어 제거한다.

조리과정 비빔국수

1. 오이는 돌려 깎아 5×0.3×0.3cm 굵기로 채 썰어 소금에 절인 후 수분을 제거한다.

2. 파, 마늘은 곱게 다져서 양념장을 만든다.

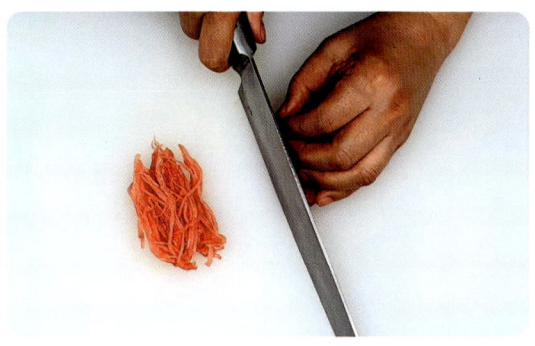

3. 소고기는 결대로 5×0.3×0.3cm로 채 썰어 수분을 제거하여 양념장에 무친다.

4. 불린 표고버섯은 기둥과 수분을 제거하여 얇게 포를 떠서 5× 0.3×0.3cm로 채 썰어 양념장에 무친다.

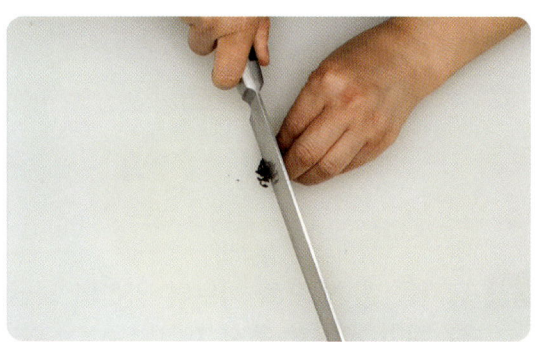

5. 석이버섯은 불려 소금으로 비벼 이끼와 돌을 제거하여 곱게 채 썰어 소금, 참기름으로 양념한다.

조리과정 비빔국수

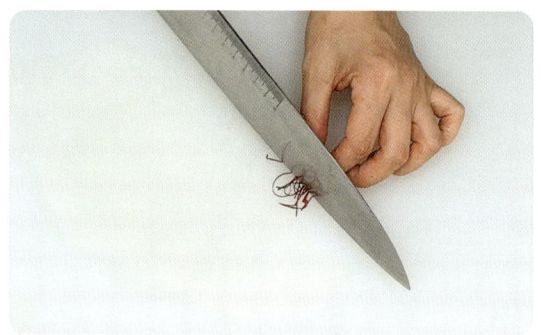

6 실고추는 2cm로 썬다.

8 팬에 식용유를 두르고 오이, 석이버섯, 표고버섯, 소고기 순서로 볶는다.

7 달걀은 황·백으로 나누어 약간의 소금을 넣어 지단을 부쳐 식으면 5×0.2×0.2cm로 채 썬다.
tip 지단 부칠 때 흰자는 면포에 내려서 하면 얇게 부치기 편하고 노른자는 알끈을 제거하여 부친다.

9 냄비에 물 4C을 붓고 끓으면 국수를 넣고 끓어오르면 찬물 1/2C을 3번 반복하여 넣어 국수가 익으면 찬물에 비벼가면서 헹군다.

조리과정 비빔국수

10 국수에 물기를 제거한 후 설탕, 진간장, 참기름을 넣고 무친 다음 오이, 표고버섯, 소고기를 넣어 무쳐 완성 그릇에 담고 황·백 지단, 석이버섯, 실고추를 고명으로 얹는다.

두부전골

두부전골은 원래 궁중에서 먹던 음식이다. 두부는 콩에 비해 소화율이 높고 콜레스테롤과 포화지방산 함량이 낮아 고혈압, 동맥경화 예방에 효과가 있다. '살찌지 않는 치즈'라 불리며 요오드 성분이 풍부한 해초류와 함께 조리하면 부족한 영양소를 잘 보완할 수 있다.

두부전골

재료

- 두부 200g
- 소고기(사태) 20g
- 소고기(우둔살) 30g
- 무 60g
- 당근 60g
- 건표고버섯 1.5장
- 미나리 40g
- 숙주 50g
- 양파 1/4개
- 실파 40g
- 달걀 2개
- 전분 20g
- 밀가루 20g
- 국간장 1t
- 소금 1t
- 식용유 2T

향채

- 대파 1/3대
- 마늘 1/2쪽

다진 고기 양념

- 소금 약간, 다진 파 1/2t
- 다진 마늘 1/3t
- 후춧가루 약간
- 깨소금 약간
- 참기름 1/3t

요구사항

1. 두부의 크기는 3cm×2.5cm×0.5cm 정도로 하고 지진 두부와 두부 사이에 고기를 넣어 미나리로 묶어 7개 만드시오.
2. 완자는 지름 1.5cm 정도로 5개 만들어 지져 사용하시오.
3. 달걀은 황·백 지단을 부쳐 사용하고, 채소는 5cm 길이로 썰어 사용하시오.
4. 재료를 색 맞추어 돌려 담고 육수를 부어 끓여내시오.

만드는 법

1. 찬물 5C과 소고기(사태), 향채를 넣고 끓으면 약한 불에서 푹 끓인다.
2. 끓인 육수를 면포에 내려 국간장과 소금으로 간한다.
3. 냄비에 채소 데칠 물 올리고 소금을 넣는다.
4. 무, 당근은 5×1.2×0.5cm 크기로 썰어 끓는 물에 살짝 익힌다.
5. 숙주는 거두절미하여 끓는 물에 데쳐 헹군 다음 소금, 참기름을 넣고 무친다.
6. 미나리는 끓는 물에 소금 넣고 데쳐 헹군 다음 길이로 찢어 젓가락으로 훑어 공기를 빼준다.
7. 불린 표고버섯은 기둥과 수분을 제거하여 5×1.2×0.5cm 크기로 썬다.
8. 양파는 5×1.2cm 썰고 실파 5cm 길이로 썰어 놓는다.
9. 두부는 3×2.5×0.5cm 크기로 썰어 소금을 약간 뿌리고 물기 제거 후 전분을 묻혀 지진다.
10. 소고기(우둔살)는 곱게 다져 핏물을 제거하여 양념한 후 두부 사이에 넣고 데친 미나리로 십자로 묶어 7개를 만든다.
11. 두부에 넣고 남은 고기는 지름 1.5cm 크기의 완자를 5개 만들어 밀가루, 달걀을 문혀 팬에 굴려가며 익힌다.
12. 달걀은 황·백 지단을 0.5cm 정도 두께로 부쳐 5×1.2cm로 썬다.
13. 전골냄비 바닥에 무, 편육 자투리를 깔고 그 위에 썬 재료를 보기 좋게 돌려 담는다.
14. 중간에 미나리로 묶은 두부 7개를 돌려 담고 중앙에 완자를 담아 육수를 부어서 완자와 두부 속에 고기가 익도록 끓여 낸다.

조리 point

- 두부를 넣고 센 불에서 끓이거나 오래 끓이면 국물이 탁해진다.

조리과정 두부전골

1 찬물 5C과 소고기(사태), 향채를 넣고 끓으면 약한 불에서 푹 끓인다.

3 냄비에 채소 데칠 물 올리고 소금을 넣는다.

2 끓인 육수를 면포에 내려 국간장과 소금으로 간한다.

4 무, 당근은 5×1.2×0.5cm 크기로 썰어 끓는 물에 살짝 익힌다.

조리과정 두부전골

5 숙주는 거두절미하여 끓는 물에 데쳐 헹군 다음 소금, 참기름을 넣고 무친다.

6 미나리는 끓는 물에 소금 넣고 데쳐 헹군 다음 길이로 찢어 젓가락으로 훑어 공기를 빼준다.

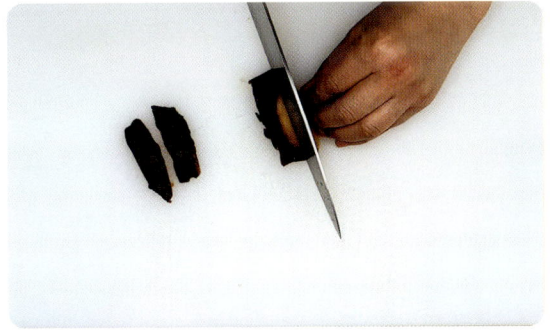

7 불린 표고버섯은 기둥과 수분을 제거하여 5×1.2×0.5cm 크기로 썬다.

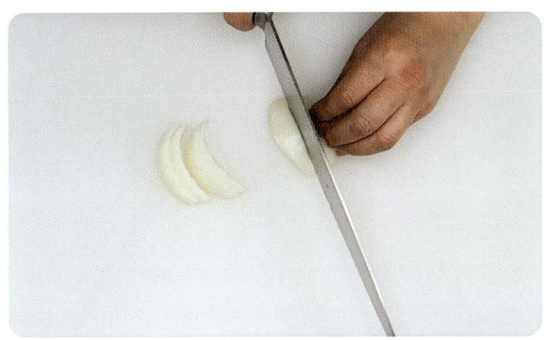

8 양파는 5×1.2cm 썰고 실파 5cm 길이로 썰어 놓는다.

조리과정 두부전골

9 두부는 3×2.5×0.5cm 크기로 썰어 소금을 약간 뿌리고 물기 제거 후 전분을 묻혀 지진다.

tip 접시에 면포를 놓고 두부를 썰어 놓으면 수분이 잘 제거된다.

10 소고기(우둔살)는 곱게 다져 핏물을 제거하여 양념한 후 두부 사이에 넣고 데친 미나리로 십자로 묶어 7개를 만든다.

조리과정 두부전골

11 두부에 넣고 남은 고기는 지름 1.5cm 크기의 완자를 5개 만들어 밀가루, 달걀을 묻혀 팬에 굴려가며 익힌다.

13 전골냄비 바닥에 무, 편육 자투리를 깔고 그 위에 썬 재료를 보기 좋게 돌려 담는다.

12 달걀은 황·백 지단을 0.5cm 정도 두께로 부쳐 5×1.2cm로 썬다.

14 중간에 미나리로 묶은 두부 7개를 돌려 담고 중앙에 완자를 담아 육수를 부어서 완자와 두부 속에 고기가 익도록 끓여 낸다.

과제1형 | 두부전골

오이선

주로 궁중에서 일상식에 찬으로 사용하였다. 또 잔칫상이나 손님을 대접하는 요리에 이용된다. 향기와 색깔이 좋으며 새콤달콤한 맛이 여름에 입맛을 돕는 데 잘 어울리는 음식이다.

오이선

재료

- 오이　　　　　　1/2개
- 소고기　　　　　　10g
- 소금　　　　　　　2T
- 불린 표고버섯　　1/2개
- 달걀　　　　　　0.5개
- 식용유　　　　　　1T

소고기, 표고버섯 양념장

- 진간장　　　　　　1t
- 설탕　　　　　　1/4t
- 다진파　　　　　　1/2t
- 다진마늘　　　　1/4t
- 후춧가루　　　　　약간
- 깨소금　　　　　1/2t
- 참기름　　　　　1/2t

단촛물

- 식초　　　　　　　1T
- 설탕　　　　　　　1T
- 물　　　　　　　1/2T
- 소금　　　　　　　약간

요구사항

1. 오이를 길이로 1/2등분한 후, 4cm 간격으로 어슷하게 썰어 4개를 만드시오(반원 모양).
2. 일정한 간격으로 3군데 칼집을 넣고 부재료를 일정량씩 색을 맞춰 끼우시오(단, 달걀은 황·백으로 분리하여 사용하시오.).
3. 단촛물을 오이선에 끼얹어 내시오.

만드는 법

1. 오이는 소금으로 비벼서 깨끗이 씻은 후 길이로 2등분 하여 껍질 쪽에 1cm 간격으로 3번 어슷하게 칼집을 넣어 4cm 길이로 어슷하게 4개를 썰어 짙은 소금물에 절인다.
2. 파, 마늘은 곱게 다져서 분량의 양념장을 만든다.
3. 소고기는 3×0.2×0.2cm로 곱게 채 썰어 핏물을 제거하고 양념장에 무친다.
4. 표고버섯은 수분과 기둥을 제거하여 포를 떠서 3×0.2×0.2cm로 곱게 채 썰어 양념장에 무친다.
5. 달걀은 황·백 지단(소금 간)을 얇게 부쳐 식으면 3×0.2cm로 채 썬다.
6. 절인 오이를 헹군 후 면포로 물기를 제거한 다음 팬에 식용유를 두르고 살짝 볶아낸다.
7. 팬에 식용유를 두르고, 소고기, 표고버섯 순서로 볶는다.
8. 볶은 오이의 칼집 사이에 황색 지단, 소고기와 표고버섯 섞은 것, 백색 지단 순서로 끼운다.
9. 단촛물을 만든다.
10. 접시에 오이선 4개를 담고 단촛물을 끼얹어 낸다.

> **조리 point**
> - 오이는 색이 변하지 않게 살짝 볶아서 식힌다.
> - 단촛물은 제출 직전에 뿌려 내야 오이의 변색을 막을 수 있다.

조리과정 오이선

1 오이는 소금으로 비벼서 깨끗이 씻은 후 길이로 2등분 하여 껍질 쪽에 1cm 간격으로 3번 어슷하게 칼집을 넣어 4cm 길이로 어슷하게 4개를 썰어 짙은 소금물에 절인다.

2 파, 마늘은 곱게 다져서 분량의 양념장을 만든다.

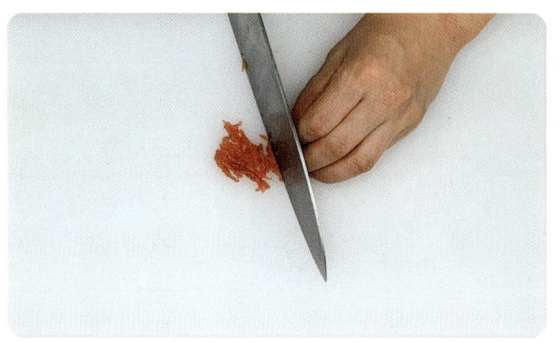

3 소고기는 3×0.2×0.2cm로 곱게 채 썰어 핏물을 제거하고 양념장에 무친다.

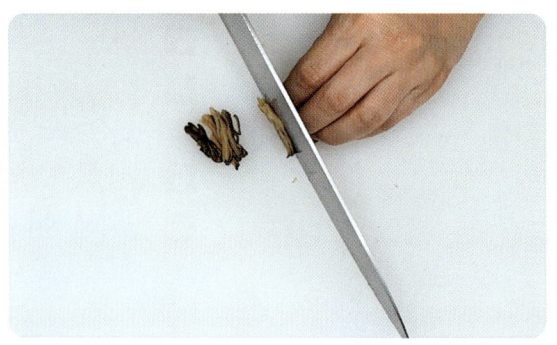

4 표고버섯은 수분과 기둥을 제거하여 포를 떠서 3×0.2×0.2cm로 곱게 채 썰어 양념장에 무친다.

조리과정 오이선

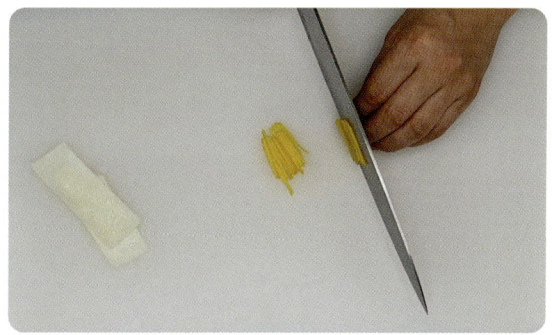

5 달걀은 황·백 지단(소금 간)을 얇게 부쳐 식으면 3×0.2cm로 채 썬다.

7 팬에 식용유를 두르고, 소고기, 표고버섯 순서로 볶는다.

6 절인 오이를 헹군 후 면포로 물기를 제거한 다음 팬에 식용유를 두르고 살짝 볶아낸다.

8 볶은 오이의 칼집 사이에 황색 지단, 소고기와 표고버섯 섞은 것, 백색 지단 순서로 끼운다.

조리과정 오이선

9 단촛물을 만든다.

10 접시에 오이선 4개를 담고 단촛물을 끼얹어 낸다.

어채

어채는 생선과 채소에 녹말을 묻혀 데친 다음 차게 해서 먹는 전통요리이다. 봄에 즐겨 먹었으며, 주안상에 어울리는 음식이다. 차게 먹는 음식이므로 흰살생선 중에서도 회를 할 수 있는 민어. 대구. 도미 등이 좋다.

어채

재료

- 흰살생선(대구살) 200g
- 오이 1/2개
- 건표고버섯 1개
- 홍고추 2개
- 달걀 1개
- 전분 60g
- 소금 1/2T
- 식용유 1/2T

생선 밑간

- 청주 20mL
- 생강 20g
- 소금 약간
- 흰 후춧가루 약간

초고추장

- 고추장 2t
- 설탕 1t
- 식초 2t

요구사항

1. 생선 살은 3cm×4cm 정도의 크기로 썰어 6개를 만드시오.
2. 오이 껍질 부분, 황·백 지단, 홍고추는 2×4cm 크기로 3개 썰고, 표고버섯도 같은 크기로 써시오.
3. 초고추장을 곁들여 내시오.

만드는 법

1. 대구 살은 수분을 제거하여 3×4×0.5cm 크기로 6개를 포 떠서 생선 밑간해서 재운다.
2. 오이는 돌려 깎아 껍질 부분만 4×2×0.4cm 크기로 3개를 썰어 놓는다.
3. 표고버섯은 불려서 수분과 기둥을 제거하여 포를 떠서 4×2×0.4cm 크기로 3개를 썰어 놓는다.
4. 홍고추는 4×2cm 크기로 3개를 썰어 놓는다.
5. 달걀은 팬에 식용유를 두르고 닦아낸 후, 황·백 지단을 0.4cm 정도의 두께로 부쳐서 식으면 4×2cm 크기로 3개를 썰어 놓는다.
6. 오이, 표고버섯, 홍고추에 녹말가루를 묻혀 가루에 수분이 흡수되면 끓는 물에 소금을 넣고 데쳐 찬물에 헹군다(2~3번 반복한다).
7. 손질한 생선에 전분을 묻혀 가루의 수분이 흡수되면 끓는 물에 소금을 넣고 데쳐 찬물에 헹군다(2~3번 반복한다).
8. 초고추장을 만들다.
9. 접시에 채소와 황·백 지단을 돌려 담은 후 중앙에 흰 살 생선을 보기 좋게 담고 초고추장을 곁들인다.

조리 point

- 재료를 접시에 놓고 고운체에 전분 가루를 내리면 뭉치지 않는다.
- 재료에 전분을 묻혀 수분이 충분히 흡수한 뒤 익혀야 전분이 투명하고 고르게 잘 익는다.
- 녹말가루가 묻지 않으면 (2~3번) 반복한다.
- 생선을 오래 익히면 생선이 부서지므로 주의한다.

조리과정 어채

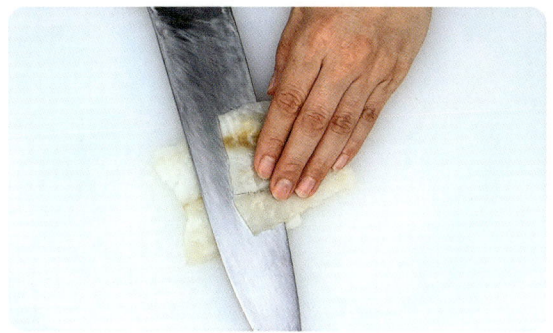

1. 대구 살은 수분을 제거하여 3×4×0.5 cm 크기로 6개를 포 떠서 생선 밑간해서 재운다.
   tip 생선은 길이로 수축하기 때문에 포를 뜰 때 크기를 감안해서 한다.

3. 표고버섯은 불려서 수분과 기둥을 제거하여 포를 떠서 4×2×0.4cm 크기로 3개를 썰어 놓는다.

2. 오이는 돌려 깎아 껍질 부분만 4×2×0.4 cm 크기로 3개를 썰어 놓는다.

4. 홍고추는 4×2cm 크기로 3개를 썰어 놓는다.

조리과정 어채

5. 달걀은 팬에 식용유를 두르고 닦아낸 후, 황·백 지단을 0.4cm 정도의 두께로 부쳐서 식으면 4×2cm 크기로 3개를 썰어 놓는다.

6. 오이, 표고버섯, 홍고추에 녹말가루를 묻혀 가루에 수분이 흡수되면 끓는 물에 소금을 넣고 데쳐 찬물에 헹군다(2~3번 반복한다).

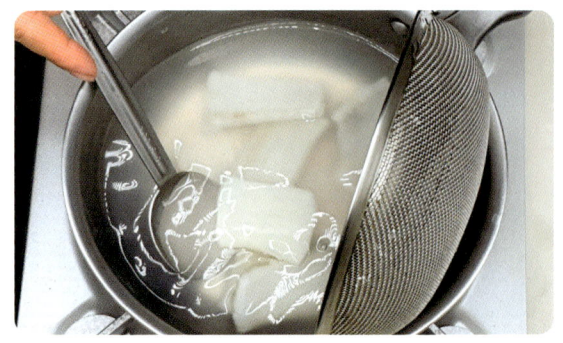

7. 손질한 생선에 전분을 묻혀 가루의 수분이 흡수되면 끓는 물에 소금을 넣고 데쳐 찬물에 헹군다(2~3번 반복한다).

8. 초고추장을 만든다.

9. 접시에 채소와 황·백 지단을 돌려 담은 후 중앙에 흰 살 생선을 보기 좋게 담고 초고추장을 곁들인다.

2형 총재료목록

칼국수, 구절판, 사슬적, 도라지정과

시험시간 2시간

A. 칼국수　　B. 구절판　　C. 사슬적　　D. 도라지정과

구 분	재 료 명	규격	단위	수량	비 고
1	밀가루	중력분	g	160	
2	멸치	장국용(대)	g	20	
3	애호박		개	1/3	
4	건표고버섯	불린 것	개	3	
5	소고기	우둔, 길이 6cm	g	130	
6	오이		개	1/2	
7	당근	길이 7cm 정도	g	60	
8	달걀		개	2	
9	석이버섯		g	5	5장
10	숙주	생것	g	60	
11	대구살	껍질 있는 채로 3장 뜨기한 것	g	200	
12	두부		g	40	
13	통도라지	껍질 있는 것	g	100	
14	잣		g	10	
15	산적꼬지	10cm 이상	개	4	
16	실고추		g	1	
17	물엿		g	60	
18	대파	흰부분(4cm 정도)	토막	1	
19	마늘		쪽	2	
20	생강		g	20	
21	국간장		mL	10	
22	진간장		mL	30	
23	흰설탕		g	80	
24	소금		g	30	
25	깨소금		g	10	
26	참기름		mL	20	
27	검은후춧가루		g	2	
28	흰후춧가루		g	1	
29	식용유		mL	50	

2형 과제별 재료목록

A. 칼국수	B. 구절판	C. 사슬적	D. 도라지정과
밀가루	소고기	대구살	통도라지
멸치	오이	소고기	소금
애호박	당근	두부	흰설탕
건표고버섯	달걀	밀가루	물엿
실고추	석이버섯	잣	
대파	건표고버섯	흰설탕	
마늘	숙주	대파	
식용유	밀가루	마늘	
소금	잣	산적꼬지	
국간장	진간장	생강	
참기름	대파	진간장	
흰설탕	마늘	소금	
	검은후춧가루	흰후춧가루	
	참기름	깨소금	
	흰설탕	참기름	
	깨소금	식용유	
	식용유		
	소금		

칼국수

칼국수는 조선시대 최고(最古)의 조리서인 ≪규곤시의방 閨壺是議方≫에 절면(切麵)이라는 명칭으로 등장한다. 여기서는 주재료로 메밀가루를 쓰고 연결제로 밀가루를 섞고 있다. ≪주방문≫에서는 메밀가루를 찹쌀 끓인 물로 반죽하였다. 이와 같이 조선시대의 칼국수는 오늘날과는 달리 메밀가루를 주로 사용하고 있다. 이것은 밀가루가 흔하지 않았기 때문이다.

칼국수

재료

- 밀가루(중력분) 100g
- 애호박 1/3개
- 건 표고버섯 1개
- 실고추 1g
- 식용유 1T

육수

- 멸치장국용(대) 20g
- 마늘 1/2쪽
- 대파 1/2토막
- 소금 1/2t
- 국간장 약간

표고버섯 유장

- 간장 1/2t
- 백설탕 1/2t
- 참기름 1/2t

요구사항

1. 국수의 굵기는 두께가 0.2cm, 폭은 0.3cm가 되도록 하시오.
2. 멸치는 육수용으로 사용하시오.
3. 애호박은 돌려 깎아 채 썰고, 표고버섯은 채 썰어 볶아 실고추와 함께 고명으로 사용 하시오.
4. 국수와 국물의 비율은 1 : 2 정도가 되도록 하시오.

만드는 법

1. 멸치는 내장과 머리를 제거한 후 물 4C에 대파, 마늘 편 썰어 넣고 뚜껑을 열고 끓인 후 면포에 걸러 국 간장을 약간 넣어 색을 내고 소금으로 간한다.
2. 밀가루는 체에 내려 덧가루 1/4C 정도 남기고 나머지 밀가루 3/4C에 소금 약간, 물 2.5T 정도를 넣어 반죽하여 비닐봉지에 싸서 숙성시킨다.
3. 호박은 돌려 깎아 5×0.3×0.3cm 크기로 채 썰어 소금에 절여 면포로 물기를 제거한다.
4. 불린 표고버섯은 수분과 기둥을 제거하고 포를 떠서 5×0.3×0.3cm 길이로 채 썰어 유장으로 양념한다.
5. 실고추는 2cm로 썬다.
6. 팬에 식용유를 두르고 호박, 표고버섯 순서로 볶는다.
7. 밀가루 반죽을 밀대로 밀면서 중간중간 최소의 덧가루를 뿌려 0.1cm 두께로 밀어 겹겹이 덧가루를 뿌리면서 접어 0.2cm 폭으로 썰어 펼쳐 놓는다.
8. 육수가 끓으면 썰어 놓은 국수에 덧가루를 털어내고 냄비 바닥에 눋지 않도록 저어 가면서 투명해질 때까지 끓인다.
9. 완성 그릇에 국물과 칼국수의 비율을 2:1로 담고, 볶은 호박, 표고버섯, 실고추를 고명으로 올린다.

조리 point

- 멸치 육수는 센 불에서 오래 끓이면 색이 탁하고 비린내가 난다.

조리과정 칼국수

1. 멸치는 내장과 머리를 제거한 후 물 4C에 대파, 마늘 편 썰어 넣고 뚜껑을 열고 끓인 후 면포에 걸러 국 간장을 약간 넣어 색을 내고 소금으로 간한다.

3. 호박은 돌려 깎아 5×0.3×0.3cm 크기로 채 썰어 소금에 절여 면포로 물기를 제거한다.

2. 밀가루는 체에 내려 덧가루 1/4C 정도 남기고 나머지 밀가루 3/4C에 소금 약간, 물 2.5T 정도를 넣어 반죽하여 비닐봉지에 싸서 숙성시킨다.

   tip 되직한 반죽을 한다.

4. 불린 표고버섯은 수분과 기둥을 제거하고 포를 떠서 5×0.3×0.3cm 길이로 채 썰어 유장으로 양념한다.

조리과정 칼국수

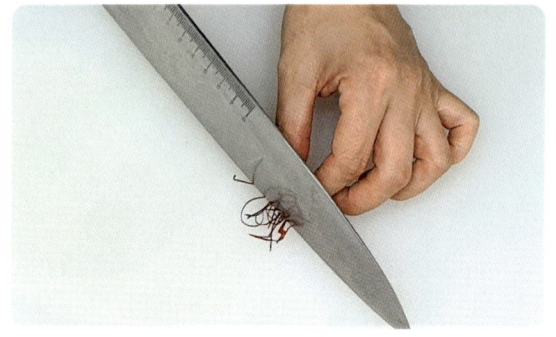

5 실고추는 2cm로 썬다.

7 밀가루 반죽을 밀대로 밀면서 중간중간 최소의 덧가루를 뿌려 0.1cm 두께로 밀어 겹겹이 덧가루를 뿌리면서 접어 0.2cm 폭으로 썰어 펼쳐 놓는다

tip 국수 반죽이 질지 않게 반죽하고 끓이면 굵어지므로 요구 사항보다 가늘게 썬다.

6 팬에 식용유를 두르고 호박, 표고버섯 순서로 볶는다.

조리과정 칼국수

8 육수가 끓으면 썰어 놓은 국수에 덧가루를 털어내고 냄비 바닥에 눋지 않도록 저어 가면서 투명해질 때까지 끓인다.

tip 국수의 덧가루를 털어내지 않으면 국물이 탁해지니 덧가루를 잘 털어서 끓인다.

9 완성 그릇에 국물과 칼국수의 비율을 2 : 1로 담고, 볶은 호박, 표고버섯, 실고추를 고명으로 올린다.

구절판

구절판은 아홉 칸으로 나뉘어 있는 그릇의 이름으로 채소와 쇠고기·버섯·밀전병 등 아홉 가지 재료를 돌려 담고, 밀전병에 여러 가지 채를 싸서 겨자장이나 초간장에 찍어 먹는 음식이다. 구절판은 색이 화려하고 맛이 산뜻하여 주로 교자상이나 주안상에 올리거나 나들이 음식(행찬, 行饌)으로 이용되었다.

구절판

재료

- 소고기 50g
- 오이 1/2개
- 당근 60g
- 건 표고버섯 2개
- 석이버섯 5g
- 숙주 60g
- 달걀 2개
- 소금 적당량
- 참기름 약간
- 식용유 3T

밀전병

- 밀가루 1/2C
- 물 1/2C
- 소금 약간

소고기, 표고버섯 양념장

- 진간장 1T
- 설탕 1/2T
- 다진 파 2t
- 다진 마늘 1t
- 후춧가루 약간
- 깨소금 1/2t
- 참기름 1t

고명

- 잣(비늘 잣) 5g

요구사항

1. 채소는 5cm×0.2cm×0.2cm 정도의 크기로 채 썰어 사용하시오.
2. 밀전병은 직경 6cm 정도의 크기로 7개 만드시오.
3. 밀전병 사이에 비늘 잣을 고명으로 얹으시오.

만드는 법

1. 밀가루와 물을 동량으로 넣고 소금 간하여 풀어서 체에 내려 숙성시킨다.
2. 오이는 돌려 깎아 5×0.2×0.2cm로 채 썰어 소금에 살짝 절여 물기를 제거한다.
3. 당근은 5×0.2×0.2cm 채 썰어 놓는다.
4. 파, 마늘은 곱게 다져 양념장을 만든다.
5. 소고기는 결대로 6×0.2×0.2cm로 채 썰어 핏물을 제거하여 양념장에 무친다.
6. 불린 표고버섯은 수분과 기둥을 제거하여 포를 떠서 5×0.2×0.2cm로 채 썰어 양념장에 무친다.
7. 석이버섯은 손질하여 가늘게 채 썰어 소금, 참기름에 무친다.
8. 숙주는 거두절미하여 끓는 물에 데쳐 찬물에 헹군 후 물기를 제거하여 소금, 참기름으로 양념한다.
9. 잣은 고깔을 떼고 면포로 닦아 반으로 쪼개 비늘 잣을 만든다.
10. 달걀은 황·백으로 나누어 소금 간하여 얇게 부쳐 식으면 5×0.2cm로 채 썬다.
11. 팬에 식용유를 두르고 닦아낸 후 약한 불에 밀전병 반죽을 1/2T씩 떠서 지름 6cm 크기로 둥글고 얇게 밀전병을 만들어 식힌다.
12. 팬을 달군 다음 식용유를 두르고 오이, 당근, 석이버섯, 표고버섯, 소고기 순서로 볶아 각각 식힌다.
13. 밀전병은 접시 중앙에 놓고 한 장 한 장 사이에 비늘 잣을 넣어 준비한 재료를 보기 좋게 돌려 담아낸다.

조리 point

- 소고기는 길이가 짧아도 결대로 썰어서 사용한다.
- 달걀을 황·백으로 나누어 흰자는 면포에 내리면 알끈이 끊어져서 얇게 부치기 편하다.

조리과정 구절판

1 밀가루와 물을 동량으로 넣고 소금 간 하여 풀어서 체에 내려 숙성 시킨다.

3 당근은 5×0.2×0.2cm 채 썰어 놓는다.

2 오이는 돌려 깎아 5×0.2×0.2cm로 채 썰어 소금에 살짝 절여 물기를 제거한다.

4 파, 마늘은 곱게 다져 양념장을 만든다.

조리과정 구절판

5 소고기는 결대로 6×0.2×0.2cm로 채 썰어 핏물을 제거하여 양념장에 무친다.

tip 고기가 익으면 길이가 짧아지고 굵어진다.

7 석이버섯은 손질하여 가늘게 채 썰어 소금, 참기름에 무친다.

6 불린 표고버섯은 수분과 기둥을 제거하여 포를 떠서 5×0.2×0.2cm로 채 썰어 양념장에 무친다.

8 숙주는 거두절미하여 끓는 물에 데쳐 찬물에 헹군 후 물기를 제거하여 소금, 참기름으로 양념한다.

조리과정 구절판

9 잣은 고깔을 떼고 면포로 닦아 반으로 쪼개 비늘 잣을 만든다.

10 달걀은 황·백으로 나누어 소금 간하여 얇게 부쳐 식으면 5×0.2cm로 채 썬다.

11 팬에 식용유를 두르고 닦아낸 후 약한 불에 밀전병 반죽을 1/2T씩 떠서 지름 6cm 크기로 둥글고 얇게 밀전병을 만들어 식힌다.

12 팬을 달군 다음 식용유를 두르고 오이, 당근, 석이버섯, 표고버섯, 소고기 순서로 볶아 각각 식힌다.

13 밀전병은 접시 중앙에 놓고 한 장 한 장 사이에 비늘 잣을 넣어 준비한 재료를 보기 좋게 돌려 담아낸다.

사슬적

구이는 꼬챙이에 꿰어 직화로 굽는 적(炙)과 꼬챙이에 꿰지 않고 철판이나 돌 위에서 간접으로 굽는 번(燔)의 두 가지로 나눌 수 있다. 생선은 주로 도미, 대구, 민어 등의 흰살생선을 이용한다. 생선과 쇠고기를 번갈아가며 사슬 같이 촘촘히 꼬치에 꿰었다고 해서 사슬적이라 한다.

사슬적

재료

- 대구 살(껍질 있는 채로 3장 뜨기한) 200g
- 소고기 80g
- 두부 40g
- 잣 5g
- 밀가루 2T
- 꼬치 4개
- 식용유 1T

생선 양념

- 소금 약간
- 흰 후춧가루 약간
- 생강즙 약간

소고기·두부 양념

- 소금 약간
- 다진 파 1t
- 다진 마늘 1/2t
- 후춧가루 약간
- 깨소금 약간
- 참기름 1/2t

고명

- 잣가루

요구사항

1. 사슬적은 폭 6cm, 길이 6cm 정도 되게 하시오.
2. 소고기는 다져 사용하시오.
3. 사슬적은 2개 제출하고, 잣가루를 고명으로 하시오.

만드는 법

1. 대구 살은 껍질을 벗겨 길이 8×1.2×0.6cm 막대 모양으로 6개를 썰어 물기 제거 후 양념을 한다.
2. 파, 마늘은 곱게 다진다.
3. 소고기는 곱게 다져 핏물을 제거한다.
4. 두부는 면포로 물기를 꼭 짠 다음 칼등으로 곱게 으깬다.
5. 잣은 고깔을 떼고 종이 속에 넣고 밀대로 밀어 칼날로 곱게 다져 잣가루를 만든다.
6. 소고기와 두부를 3:1 비율로 섞어 양념하여 끈기가 있게 치댄 다음 7×1.2×0.6cm로 4개 만든다.
7. 꼬치에 생선 3개, 고기 2개를 번갈아 끼우고 사이에 밀가루를 묻힌 다음 밑 부분에 밀가루를 충분히 묻혀 꼬치 2개를 만든다.
8. 달군 팬에 식용유를 두르고 사슬적을 약한 불에서 타지 않게 구워 꼬치를 따뜻할 때 돌려서 뺀다.
9. 그릇에 담고 고명으로 잣가루를 얹는다.

조리 point

- 생선의 뒷면에 밀가루를 고르게 묻힌 다음 지져서 부서짐을 방지한다.
- 사슬적은 약한 불에서 익혀야 조금 줄고 덜 갈라진다.

조리과정 사슬적

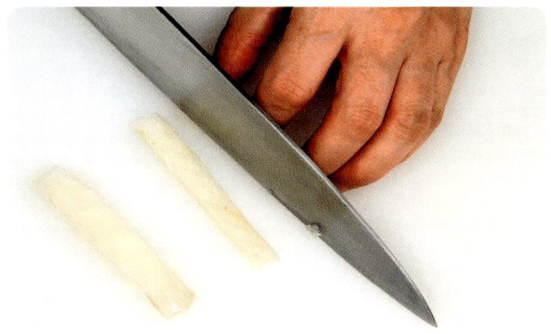

1 대구 살은 껍질을 벗겨 길이 8×1.2×0.6cm 막대 모양으로 6개를 썰어 물기 제거 후 양념을 한다.

tip 생선은 많이 줄고 고기는 덜 줄기 때문에 생선을 조금 길게 만든다.

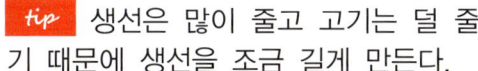

2 파, 마늘은 곱게 다진다.

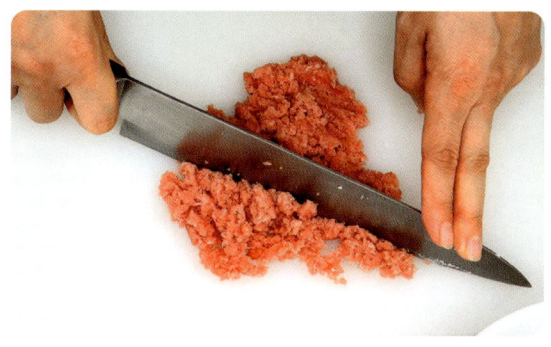

3 소고기는 곱게 다져 핏물을 제거한다.

4 두부는 면포로 물기를 꼭 짠 다음 칼등으로 곱게 으깬다.

조리과정 사슬적

5 잣은 고깔을 떼고 종이 속에 넣고 밀대로 밀어 칼날로 곱게 다져 잣가루를 만든다.

7 꼬치에 생선 3개, 고기 2개를 번갈아 끼우고 사이에 밀가루를 묻힌 다음 밑부분에 밀가루를 충분히 묻혀 꼬치 2개를 만든다.

8 달군 팬에 식용유를 두르고 사슬적을 약한 불에서 타지 않게 구워 꼬치를 따뜻할 때 돌려서 뺀다.

6 소고기와 두부를 3:1 비율로 섞어 양념하여 끈기가 있게 치댄 다음 7×1.2×0.6cm로 4개 만든다.

조리과정 사슬적

9 그릇에 담고 고명으로 잣가루를 얹는다.

도라지정과

도라지 뿌리에는 인삼의 주요 성분 가운데 하나인 사포닌이 함유되어 있어 약재로 쓰이기도 한다. 도라지의 성질은 점성과 독특한 향기를 가지고 있다. 정과는 건정과와 진정과가 있는데 진정과는 물엿이 많이 들어가고, 건정과는 설탕이 많이 들어간다.

도라지정과

재료

- 통 도라지 100g
- 소금

조림 시럽

- 물 1.5C
- 설탕 4T
- 소금 약간
- 물엿 4T

요구사항

1. 도라지는 5cm×1cm×0.6cm 정도로 자르고 데쳐서 사용하시오.
2. 설탕과 물엿을 사용하여 윤기 나게 졸여 전량 제출하시오.

만드는 법

1. 통 도라지는 껍질을 벗겨 5×1×0.6cm로 썬다.
2. 끓는 물에 소금을 넣고 살짝 데쳐 찬물에 헹군다.
3. 냄비에 도라지, 물 1.5C, 설탕 4T, 소금 약간을 넣어 센 불에서 끓기 시작하면 거품을 제거하면서 약한 불에서 뚜껑을 열고 조린다.
4. 설탕물이 거의 졸아들면 물엿 4T를 넣어 투명하고 윤기가 나도록 조린다.
5. 투명해지면 굵은 체나 망에 하나씩 건져서 떼어 놓고 식으면 그릇에 담아낸다.

조리 point
- 도라지정과는 약한 불에서 국물을 끼얹으면서 오래 조려야 윤기가 난다.

조리과정 도라지정과

1. 통 도라지는 껍질을 벗겨 5×1×0.6cm 로 썬다.

3. 냄비에 도라지, 물 1.5C, 설탕 4T, 소금 약간을 넣어 센 불에서 끓기 시작하면 거품을 제거하면서 약한 불에서 뚜껑을 열고 조린다.

2. 끓는 물에 소금을 넣고 살짝 데쳐 찬물에 헹군다.

4. 설탕물이 거의 졸아들면 물엿 4T를 넣어 투명하고 윤기가 나도록 조린다.

조리과정 도라지정과

5. 투명해지면 굵은 체나 망에 하나씩 건져서 떼어 놓고 식으면 그릇에 담아낸다.

3형 총재료목록

편수, 오이/고추소박이, 돼지갈비찜, 율란/조란

시험시간 2시간

A. 편수

B. 오이/고추소박이

C. 돼지갈비찜

D. 율란/조란

구 분	재 료 명	규격	단위	수량	비 고
1	소고기	우둔	g	60	
2	소고기	양지	g	30	
3	애호박		개	1/4	
4	건표고버섯	불린 것	개	1	
5	밀가루	중력분	g	70	
6	숙주	생것	g	30	
7	오이		개	1	
8	풋고추		개	5	
9	무		g	50	
10	부추		g	40	
11	쪽파	1뿌리	g	20	실파 대체 가능
12	돼지갈비	5cm(토막)	g	200	
13	감자	150g 정도	개	1/2	
14	당근	길이 7cm 정도	g	50	
15	홍고추		개	1/2	
16	밤	껍질 있는 것	개	10	
17	건대추		개	15	
18	계피가루		g	20	
19	꿀		g	70	
20	잣		g	30	
21	양파		개	1/3	
22	멸치액젓		mL	20	
23	대파	흰부분(4cm 정도)	토막	1	
24	마늘		쪽	2	
25	생강		g	20	
26	국간장		mL	10	
27	진간장		mL	50	
28	흰설탕		g	20	
29	소금		g	30	
30	깨소금		g	10	
31	참기름		mL	20	
32	고춧가루		g	10	
33	검은후춧가루		g	3	
34	식용유		mL	20	

3형 과제별 재료목록

A. 편수	B. 오이/고추소박이	C. 돼지갈비찜	D. 율란/조란
소고기(우둔)	오이	돼지갈비	밤
소고기(양지)	풋고추	감자	건대추
건표고버섯	무	당근	계피가루
애호박	부추	양파	꿀
숙주	쪽파	홍고추	잣
잣	멸치액젓	대파	소금
밀가루	대파	마늘	
대파	마늘	생강	
마늘	생강	진간장	
소금	소금	흰설탕	
흰설탕	고춧가루	검은후춧가루	
참기름	잣	깨소금	
깨소금		참기름	
검은후춧가루			
진간장			
국간장			
식용유			

편수

편수(片水)는 물 위에 조각이 떠 있는 모양 같다 하여 붙여진 이름이다. 채소로 만든 소를 넣어 주로 여름철에 먹는 만두이고 개성 지방의 향토 음식이다. 소고기에 오이, 호박, 버섯, 실백 등을 섞어서 담백하게 만들어 쪄서 양지머리 육수를 차게 식혀 띄워 먹기도 한다.

편수

재료

- 소고기(우둔살) 60g
- 숙주 30g
- 애호박 1/4개
- 건 표고버섯 1개
- 잣 5개
- 소금 약간
- 식용유 3T

만두피
- 밀가루 70g
- 소금 약간
- 물 4T

육수
- 소고기 양지 30g
- 국 간장 약간
- 소금 1/3t

향채
- 대파 1/4대
- 마늘 1/2개

소고기, 표고버섯 양념
- 진간장 2t
- 설탕 1t
- 다진 파 1t
- 다진 마늘 1/2t
- 후춧가루 약간
- 깨소금 1/4t
- 참기름 1t

소 양념
- 깨소금 약간
- 참기름 약간

요구사항

1. 만두피는 8cm×8cm 정도의 크기로 만드시오.
2. 소와 잣을 하나씩 넣은 편수를 5개 만드시오.
3. 육수를 내어 기름기를 제거하고 차게 식힌 다음 편수를 넣어 내시오.

만드는 법

1. 밀가루는 체에 내려 덧가루를 1T 남기고 소금물로 반죽해서 비닐봉지에 넣어 숙성시킨다.
2. 소고기 사태는 찬물에 담가 핏물을 뺀 후 향채를 넣고 육수를 끓여 면포에 내려 국간장으로 색을 내고 소금으로 간한다.
3. 숙주는 끓는 물에 데쳐서 찬물에 헹궈 송송 썬 후 면포로 꼭 짜서 수분을 제거한다.
4. 호박은 돌려 깎아 가늘게 채 썰어 소금에 절였다가 면포로 꼭 짜서 수분을 제거한다.
5. 파, 마늘은 곱게 다져서 분량의 양념장을 만든다.
6. 소고기는 곱게 다져서 핏물을 제거하여 양념장에 무친다.
7. 표고버섯은 불려서 수분과 기둥을 제거하여 포를 떠서 3cm 길이로 곱게 채 썰어 양념장에 무친다.
8. 잣은 고깔을 떼고 면포로 닦아 놓는다.
9. 팬에 식용유를 두르고 애호박, 표고버섯, 소고기 순으로 각각 볶아서 식힌 후 볼에 모든 소 재료를 담고 잘 섞어 양념한다.
10. 만두피를 얇게 밀어 8×8cm 정도 5개를 정사각형으로 자른다.
11. 만두피에 소를 넣고 잣을 한 알씩 넣어 네 귀를 한데 모아 맞닿는 자리를 마주 붙여서 네모지게 빚는다.
12. 김 오른 찜통에 젖은 면포를 깔고 7~8분 정도 찐다.
13. 완성 그릇에 담고 찬 육수를 부어 완성한다.

조리 point
- 찜통이 없을 경우 끓는 물에 삶아 건져 찬 육수에 띄운다.

조리과정 편수

1. 밀가루는 체에 내려 덧가루를 1T 남기고 소금물로 반죽해서 비닐봉지에 넣어 숙성시킨다.

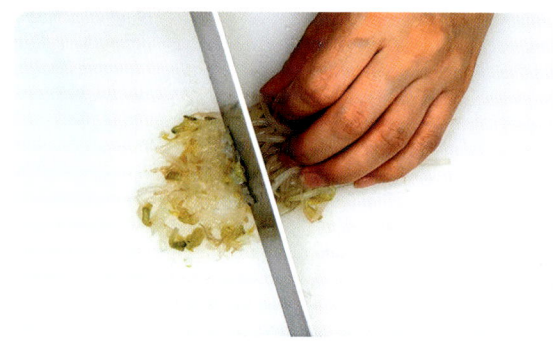

3. 숙주는 끓는 물에 데쳐서 찬물에 헹궈 송송 썬 후 면포로 꼭 짜서 수분을 제거한다.

4. 호박은 돌려 깎아 가늘게 채 썰어 소금에 절였다가 면포로 꼭 짜서 수분을 제거한다.

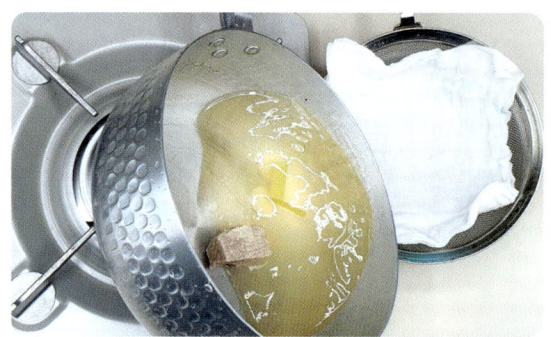

2. 소고기 사태는 찬물에 담가 핏물을 뺀 후 향채를 넣고 육수를 끓여 면포에 내려 국 간장으로 색을 내고 소금으로 간한다.

조리과정 편수

5 파, 마늘은 곱게 다져서 분량의 양념장을 만든다.

7 표고버섯은 불려서 수분과 기둥을 제거하여 포를 떠서 3cm 길이로 곱게 채 썰어 양념장에 무친다.

6 소고기는 곱게 다져서 핏물을 제거하여 양념장에 무친다.

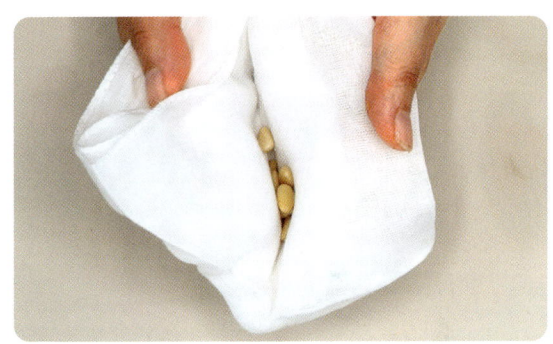

8 잣은 고깔을 떼고 면포로 닦아 놓는다.

조리과정 편수

9 팬에 식용유를 두르고 애호박, 표고버섯, 소고기 순으로 각각 볶아서 식힌 후 볼에 모든 소 재료를 담고 잘 섞어 양념한다.

11 만두피에 소를 넣고 잣을 한 알씩 넣어 네 귀를 한데 모아 맞닿는 자리를 마주 붙여서 네모지게 빚는다.

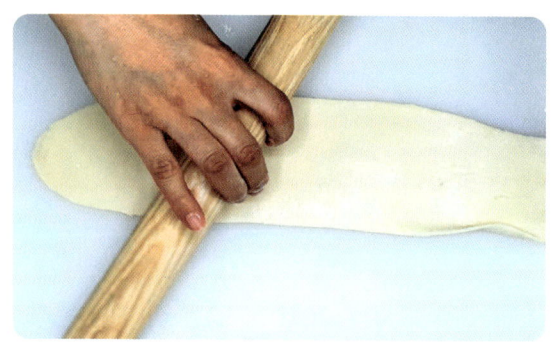

10 만두피를 얇게 밀어 8×8cm 정도 5개를 정사각형으로 자른다.

조리과정 편수

12 김 오른 찜통에 젖은 면포를 깔고 7~8분 정도 찐다.

13 완성 그릇에 담고 찬 육수를 부어 완성한다.

오이소박이·고추소박이

오이소박이는 오이의 찬 성분과 부추의 따뜻한 성분이 궁합이 잘 맞는 음식이다. 예전에는 무더운 날씨 탓에 입맛을 잃는 여름철에 주로 먹었지만, 사계절 내내 오이가 생산되는 요즘은 1년 내내 담가 먹는다.

오이소박이·고추소박이

재료

- 오이　　　　　　1개
- 부추　　　　　　40g
- 소금　　　　　　1T
- 풋고추　　　　　5개
- 무　　　　　　　50g
- 마늘　　　　　　1쪽
- 생강　　　　　　1/2쪽
- 쪽파(실파)　　　1뿌리
- 멸치 액젓　　　　1T
- 잣　　　　　　　1t

오이소박이 소 양념

- 고춧가루　　　　10g
- 멸치액젓　　　　2t
- 소금　　　　　　약간
- 다진 파　　　　　1t
- 다진 마늘　　　　1/2t
- 다진 생강　　　　약간

고추소박이 소 양념

- 마늘
- 생강
- 멸치 액젓
- 소금

요구사항

1. 오이소박이는 길이 6cm 정도로 3개 만들고, 부추는 0.5cm 정도 길이로 소를 만드시오.
2. 풋고추는 꼭지 부분을 1cm 정도 남기고 길이대로 칼집을 넣어 소금물에 절여 사용하시오.
3. 고추소박이 소는 무 2cm로 채 썰고 부추, 쪽파도 같은 길이로 썰어 생강, 마늘, 멸치액젓을 사용하여 만드시오.
4. 풋고추에 소를 채워 잣을 2~3개씩 박아 5개를 만들고 국물을 부어 담아 제출하시오.

만드는 법

1. 오이는 소금으로 비벼서 씻어 6cm 길이로 잘라 양쪽 끝을 1cm 남기고 칼집을 십자로 넣는다.
2. 풋고추는 꼭지 부분을 1cm 정도 남기고 고추 한쪽 면에 길이로 칼집을 넣어 씨를 제거한다.
3. 오이, 풋고추는 소금물에 절인다.
4. 무는 2cm 길이로 채 썬다.
5. 부추는 씻어 1/2은 0.5cm 길이로 송송 썰고 1/2은 2cm 길이로 썬다.
6. 쪽파는 푸른 부분은 2cm 길이로 썰고 쪽파 흰 부분을 2cm 길이로 채 썬다.
7. 대파, 마늘, 생강 1/2은 곱게 다진다.
8. 마늘, 생강은 1/2은 2cm 길이로 채 썬다.
9. 무채, 부추, 쪽파에 마늘 채, 생강 채, 액젓, 소금을 넣고 고추 소박이 소를 만든다.
10. 풋고추 속에 소를 넣고 잣을 2~3개씩 박아 고추소박이 5개를 만들어 완성 그릇에 담는다.
11. 물에 소금으로 간하여 국물을 만들어 고추 소박이에 부어 낸다.
12. 송송 썬 부추에 고춧가루, 멸치액젓, 다진 파, 마늘, 생강, 소금을 넣고 버무려 오이 칼집 사이에 소를 넣고 표면에 묻은 양념을 정리하여 완성 그릇에 담는다.
13. 소를 버무린 그릇에 물 2T를 넣고 체에 내려 소금으로 간을 맞춘 후 김칫국물을 만들어 오이소박이에 국물을 촉촉하게 부어낸다.

조리 point

- 오이, 풋고추는 짧은 시간에 절여야 하므로 짙은 소금물에 절인다.
- 오이에 열십자를 낼 때 일반 칼보다 과일 칼이나 조각칼을 이용하면 깔끔하게 모양을 낼 수 있다.
- 소 재료를 양념하여 간이 밴 다음 풋고추 속에 넣는다.
- 고추소박이에 소를 넣을 때 고추가 찢어지지 않도록 조심스럽게 넣는다.

조리과정 오이·고추소박이

1 오이는 소금으로 비벼서 씻어 6cm 길이로 잘라 양쪽 끝을 1cm 남기고 칼집을 십자로 넣는다.

2 풋고추는 꼭지 부분을 1cm 정도 남기고 고추 한쪽 면에 길이로 칼집을 넣어 씨를 제거한다.

조리과정 오이·고추소박이

3 오이, 풋고추는 소금물에 절인다.

tip 물을 잠길 정도로 붓고 소금 3T 정도 진한 소금물에 절인다.

5 부추는 씻어 1/2은 0.5cm 길이로 송송 썰고 1/2은 2cm 길이로 썬다.

4 무는 2cm 길이로 채 썬다.

6 쪽파는 푸른 부분은 2cm 길이로 썰고 쪽파 흰 부분을 2cm 길이로 채 썬다.

조리과정 오이 · 고추소박이

7 대파, 마늘, 생강 1/2은 곱게 다진다.

9 무채, 부추, 쪽파에 마늘 채, 생강 채, 액젓, 소금을 넣고 고추 소박이 소를 만든다.

8 마늘, 생강은 1/2은 2cm 길이로 채 썬다.

10 풋고추 속에 소를 넣고 잣을 2~3개씩 박아 고추소박이 5개를 만들어 완성 그릇에 담는다.

조리과정 오이·고추소박이

11 물에 소금으로 간하여 국물을 만들어 고추 소박이에 부어 낸다.

13 소를 버무린 그릇에 물 2T를 넣고 체에 내려 소금으로 간을 맞춘 후 김칫국물을 만들어 오이소박이에 국물을 촉촉하게 부어낸다.

12 송송 썬 부추에 고춧가루, 멸치액젓, 다진 파, 마늘, 생강, 소금을 넣고 버무려 오이 칼집 사이에 소를 넣고 표면에 묻은 양념을 정리하여 완성 그릇에 담는다.

돼지갈비찜

돼지갈비는 뼈가 작고 육질이 연하여 소화 흡수가 잘 되고 소고기에 비해 비타민 B1이 8~10배 많으며 비타민B1은 당대사를 돕고 각기병과 피로회복에 좋은 식품이다.

돼지갈비찜

재료

- 돼지갈비(5cm, 토막) 200g
- 감자(150g 정도) 1/2개
- 당근 50g
- 양파(중, 150g 정도) 1/3개
- 홍고추(생) 1/2개

양념장

- 진간장 2T
- 설탕 1T
- 다진 파 2t
- 다진 마늘 1t
- 다진 생강 1/4t
- 후춧가루 약간
- 깨소금 1/2t
- 참기름 1T

요구사항

1. 갈비는 핏물을 제거하여 사용하시오.
2. 감자와 당근은 3cm 정도 크기로 잘라 모서리를 다듬어 사용하시오.
3. 갈비찜은 잘 무르고 부서지지 않게 조리하고, 전량의 갈비를 국물과 함께 담아 제출하시오.

만드는 법

1. 돼지갈비는 5cm 정도로 썰어 기름기 제거 후 1cm 간격으로 칼집 넣은 후 찬물에 담가 핏물을 뺀다.
2. 감자, 당근은 사방 3cm로 썰어 모서리를 다듬어 둥글게 만든다.
3. 양파는 3×3cm 정도로 썰어 놓는다.
4. 홍고추는 0.5cm 간격으로 어슷썰기 한 후 씨를 제거한다.
5. 파, 마늘, 생강은 곱게 다져서 양념장을 만들어 놓는다.
6. 끓는 물에 돼지갈비를 데쳐서 헹군다.
7. 냄비에 데친 돼지갈비와 양념장 1/2을 넣고 볶다가 물 1C을 넣고 당근, 감자를 넣어 끓으면 중간 불에서 조린다.
8. 돼지갈비에 나머지 양념장 넣고 당근과 감자가 익으면 양파, 홍고추를 넣어 센 불에서 저어가며 국물이 1T 남을 때까지 윤기 나게 조린다.
9. 조린 돼지갈비찜을 완성 그릇에 담고 국물을 촉촉하게 끼얹는다.

조리 point

- 찜할 때 센 불에서 끓이다가 중불에서 익혀 채소가 너무 익거나 설익지 않도록 한다.
- 양파, 홍고추를 넣고 마지막에 센 불에서 저어가며 졸여야 윤기가 난다.

조리과정 돼지갈비찜

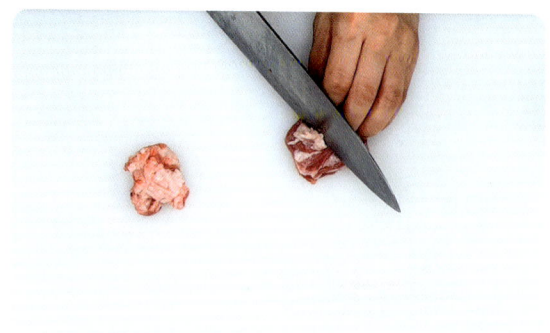

3. 양파는 3×3cm 정도로 썰어 놓는다.

1. 돼지갈비는 5cm 정도로 썰어 기름기 제거 후 1cm 간격으로 칼집 넣은 후 찬물에 담가 핏물을 뺀다.

2. 감자, 당근은 사방 3cm로 썰어 모서리를 다듬어 둥글게 만든다.

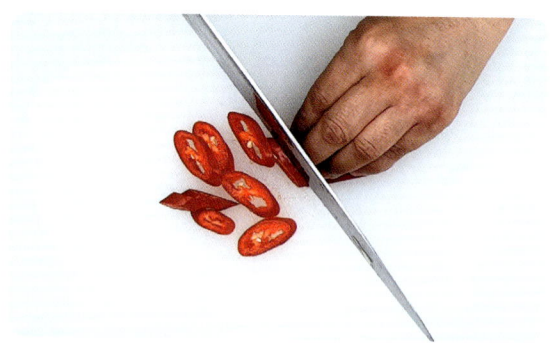

4. 홍고추는 0.5cm 간격으로 어슷썰기 한 후 씨를 제거한다.

조리과정 돼지갈비찜

5. 파, 마늘, 생강은 곱게 다져서 양념장을 만들어 놓는다.

7. 냄비에 데친 돼지갈비와 양념장 $\frac{1}{2}$을 넣고 볶다가 물 1C을 넣고 당근, 감자를 넣어 끓으면 중간 불에서 조린다.

6. 끓는 물에 돼지갈비를 데쳐서 헹군다.

8. 돼지갈비에 나머지 양념장 넣고 당근과 감자가 익으면 양파, 홍고추를 넣어 센 불에서 저어가며 국물이 1T 남을 때까지 윤기나게 조린다.

조리과정 돼지갈비찜

9 조린 돼지갈비찜을 완성 그릇에 담고 국물을 촉촉하게 끼얹는다.

율란·조란

열매나 뿌리 식물을 익혀 꿀에 조린 숙실과(熟實果)의 일종이며, 조과(造菓)의 형태를 띤다. 조란(棗卵)의 조(棗)는 대추를 의미하며 난은 열매 뿌리 식품을 익힌 뒤 으깨어 설탕이나 꿀에 조려 다시 원재료의 모양대로 빚은 것이다. 예전부터 숙실과는 공이 많이 들고 좋은 과실이 있어야 하므로 지체 있는 대갓집에서는 손님상이나 잔칫상에 내놓아 솜씨를 자랑하곤 했다.

율란 · 조란

재료

- 밤　　　　　10개
- 건 대추　　　15개
- 계핏가루　　 20g
- 꿀　　　　　70g
- 잣　　　　　15g
- 소금　　　　약간

요구사항

1. 율란에 묻히는 고명은 잣가루를 사용하시오.
2. 대추 모양의 한쪽에만 잣을 박아내시오.
3. 율란과 조란 각각 5개를 만들어 제출하시오.

만드는 법

1. 껍질 있는 밤은 깨끗이 씻어 물을 넣어 푹 삶아 반으로 갈라 속을 파낸 다음 뜨거울 때 체에 내린다.
2. 밤 고물에 소금 약간, 계핏가루 약간 넣고 꿀로 농도를 맞추면서 고루 섞은 후 꼭꼭 뭉쳐 반죽을 만든다.
3. 잣은 고깔을 떼어내고 종이 속에 넣고 접어 밀대로 밀어 칼날로 곱게 다진다.
4. 밤 반죽을 밤 모양으로 빚어 밑 부분에 꿀을 살짝 바른 다음 잣가루를 묻혀 그릇에 담아낸다.
5. 대추는 씻어 수분을 제거하여 찜통에 면포를 깔고 5분간 찐다.
6. 쪄낸 대추의 씨를 제거하여 살만 곱게 다진다.
7. 다진 대추를 냄비에 담고 물 2T, 꿀 1T, 계핏가루 약간 넣어 약한 불에서 나무 주걱으로 저으면서 뭉치기 좋게 조려 식힌다.
8. 조린 대추를 같은 크기의 대추 모양으로 빚어서 꼭지 부분에 통잣을 반쯤 나오게 하여 그릇에 잣을 박은 쪽이 위로 가도록 담는다.

조리 point

- 율란 반죽을 만들 때 꿀을 조금씩 넣으며 반죽의 농도를 조절한다.
- 대추는 오래 찌면 질어지고 안 찌고, 만들면 거칠어서 뭉치기 힘들다.
- 밤은 찜기 물 솥에 넣고 찜기 위에 대추를 넣어 찌면 시간을 절약할 수 있다.

조리과정 율란·조란

1 껍질 있는 밤은 깨끗이 씻어 물을 넣어 푹 삶아 반으로 갈라 속을 파낸 다음 뜨거울 때 체에 내린다.

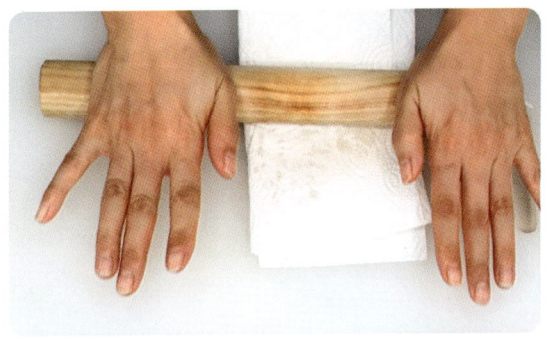

3 잣은 고깔을 떼어내고 종이 속에 넣고 접어 밀대로 밀어 칼날로 곱게 다진다.

2 밤 고물에 소금 약간, 계핏가루 약간 넣고 꿀로 농도를 맞추면서 고루 섞은 후 꼭꼭 뭉쳐 반죽을 만든다.

조리과정 율란·조란

4 밤 반죽을 밤 모양으로 빚어 밑 부분에 꿀을 살짝 바른 다음 잣가루를 묻혀 그릇에 담아낸다.

6 쪄낸 대추의 씨를 제거하여 살만 곱게 다진다.

5 대추는 씻어 수분을 제거하여 찜통에 면포를 깔고 5분간 찐다.

조리과정 율란·조란

7 다진 대추를 냄비에 담고 물 2T, 꿀 1T, 계핏가루 약간 넣어 약한 불에서 나무 주걱으로 저으면서 뭉치기 좋게 조려 식힌다.

8 조린 대추를 같은 크기의 대추 모양으로 빚어서 꼭지 부분에 통잣을 반쯤 나오게 하여 그릇에 잣을 박은 쪽이 위로 가도록 담는다.

4형 총재료목록

만둣국, 밀쌈, 두부선, 3가지 나물   시험시간 2시간

A. 만둣국   B. 밀쌈   C. 두부선   D. 3가지 나물

구 분	재 료 명	규 격	단위	수량	비 고
1	소고기	우둔, 살코기	g	120	
2	두부		g	150	
3	숙주	생 것	g	30	
4	배추김치		g	40	
5	달걀		개	3	
6	미나리	줄기 부분	g	20	
7	오이		개	1/2	
8	당근	길이 4cm 정도	g	30	
9	건표고버섯	불린 것	개	2	
10	죽순		g	20	
11	닭가슴살		g	40	
12	잣		g	10	
13	석이버섯		g	1	1장
14	겨자가루		g	20	
15	애호박		개	1/2	
16	통도라지		g	100	
17	시금치		g	200	
18	밀가루	중력분	g	120	
19	새우젓		g	10	
20	실고추		g	1	
21	산적꼬지		개	1	
22	대파	흰부분(4cm 정도)	토막	2	
23	마늘		쪽	3	
24	국간장		mL	10	
25	진간장		mL	20	
26	흰설탕		g	20	
27	소금		g	30	
28	깨소금		g	10	
29	참기름		mL	30	
30	식초		mL	20	
31	검은후춧가루		g	3	
32	식용유		mL	40	

4형 과제별 재료목록

A. 만둣국	B. 밀쌈	C. 두부선	D. 3가지 나물
밀가루	소고기	두부	애호박
소고기	오이	닭가슴살	소고기
두부	당근	건표고버섯	통도라지
숙주	건표고버섯	달걀	시금치
배추김치	달걀	석이버섯	국간장
미나리	죽순	겨자가루	새우젓
달걀	밀가루	잣	실고추
산적꼬지	식초	실고추	진간장
국간장	흰설탕	식초	대파
대파	진간장	흰설탕	마늘
마늘	대파	진간장	참기름
참기름	마늘	대파	깨소금
깨소금	참기름	마늘	소금
소금	깨소금	참기름	검은후춧가루
검은후춧가루	소금	깨소금	식용유
식용유	검은후춧가루	소금	
	식용유	검은후춧가루	
		식용유	

만둣국

제갈공명이 남만 정벌을 끝내고 돌아오는 길에 노수 강에 도착하자 갑자기 광풍이 몰아치고 풍랑이 거세져 군대가 강을 건널 수 없게 되었다.

함께 있던 사람들이 남만의 풍습에 따라 49명의 사람 머리를 베어 제사를 지내면 풍랑이 멎고 잔잔해질 것이라 했다.

그러나 제갈공명은 전쟁으로 수많은 사람이 목숨을 잃었는데 더 이상 희생을 원하지 않아 소와 양고기를 넣고 밀가루 반죽으로 사람 머리 모양을 만들어 강물에 던져 제사를 지냈다.

강물이 잔잔해져서 군사들이 무사히 강을 건넜다는 소설 삼국지에 나오는 만두의 유래이다.

만둣국

재료

- 밀가루 60g
- 숙주 30g
- 소고기 30g
- 두부 30g
- 배추김치 40g
- 달걀 0.5개
- 미나리(줄기 부분) 20g
- 국 간장 1t
- 소금 1t
- 산적꼬치 1개
- 식용유 1/2T

향채

- 대파 1토막
- 마늘 1/2쪽

소 양념

- 소금 약간
- 다진 파 2t
- 다진 마늘 1t
- 후춧가루 약간
- 깨소금 1/2t
- 참기름 1t

요구사항

1. 만두피는 지름 8cm 정도로 하고 소를 넣어 반으로 접어 붙이고 양쪽 끝을 서로 맞붙여 둥근 모양의 만두를 5개 만드시오.
2. 마름모꼴의 황·백지단, 미나리 초대를 고명으로 하시오.

만드는 법

1. 밀가루는 덧가루 1T를 남기고 물에 소금을 타서 스푼으로 조금씩 넣어 가면서 반죽에 농도를 맞추면서 치대어 비닐봉지에 싸서 숙성을 시킨다.
2. 숙주는 끓는 물에 소금을 넣고 삶아 찬물에 헹군 다음 곱게 다진다.
3. 냄비에 찬물 3~4C, 소고기 20g, 향채를 넣고 끓여 충분히 우러나면 면포에 걸러 낸 후 국간장으로 색을 맞추고 소금으로 간을 한다.
4. 남은 소고기 40g은 핏물을 제거하여 곱게 다진다.
5. 두부는 칼등으로 곱게 으깬다.
6. 김치는 속을 털어 내고 송송 썰어 곱게 다진다.
7. 다진 소고기, 두부, 숙주, 김치를 면포에 꼭 짜서 수분을 제거한다.
8. 7에 양념을 넣어 골고루 섞어 만두소를 만든다.
9. 미나리 3~4줄기를 산적꼬치에 끼워 밀가루를 한 면에 묻히고 노른자를 입혀 지져 낸 후 마름모꼴로 2개 썬다.
10. 달걀은 팬에 식용유를 두르고 약한 불에서 황·백 지단을 3mm 두께로 부쳐 식으면 마름모꼴로 2개씩 썬다.
11. 밀가루 반죽은 만두피 지름 8cm로 얇게 밀어 놓는다.
12. 만두피에 소를 넣어 접어 양 끝을 붙인 후 오므려서 지름 4cm 정도의 크기로 만두를 빚어 놓는다.
13. 육수가 끓으면 만두를 넣고 냄비 바닥에 붙지 않도록 저어 주고 만두가 떠오르면 더 끓여 익힌다.
14. 완성 그릇에 담고 황·백 지단과 미나리 초대를 고명으로 올린다.

조리 point

- 만두피는 일정한 크기로 얇게 밀도록 한다.
- 만두를 만들어 덧가루 없이 키친타월 위에 올려놓으면 붙지 않는다.
- 덧가루를 사용하면 국물이 탁해진다.
- 만두소의 재료는 물기를 꼭 짜서 질지 않게 해야 만두피가 터지지 않는다.

조리과정 만둣국

1. 밀가루는 덧가루 1T를 남기고 물에 소금을 타서 스푼으로 조금씩 넣어 가면서 반죽에 농도를 맞추면서 치대어 비닐봉지에 싸서 숙성을 시킨다.

3. 냄비에 찬물 3~4C, 소고기 20g, 향채를 넣고 끓여 충분히 우러나면 면포에 걸러 낸 후 국 간장으로 색을 맞추고 소금으로 간을 한다.

2. 숙주는 끓는 물에 소금을 넣고 삶아 찬물에 헹군 다음 곱게 다진다.

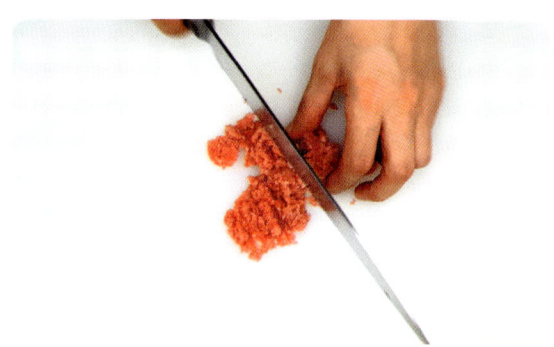

4. 남은 소고기 40g은 핏물을 제거하여 곱게 다진다.

조리과정 만둣국

5 두부는 칼등으로 곱게 으깬다.

7 다진 소고기, 두부, 숙주, 김치를 면포에 꼭 짜서 수분을 제거한다.

6 김치는 속을 털어 내고 송송 썰어 곱게 다진다.

8 7에 양념을 넣어 골고루 섞어 만두소를 만든다.

조리과정 만둣국

9 미나리 3~4줄기를 산적꼬치에 끼워 밀가루를 한 면에 묻히고 노른자를 입혀 지져 낸 후 마름모꼴로 2개 썬다.

10 달걀은 팬에 식용유를 두르고 약한 불에서 황·백 지단을 3㎜ 두께로 부쳐 식으면 마름모꼴로 2개씩 썬다.

조리과정 만둣국

11 밀가루 반죽은 만두피 지름 8cm로 얇게 밀어 놓는다.

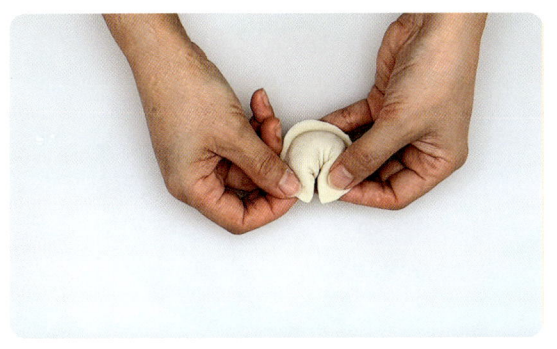

12 만두피에 소를 넣어 접어 양 끝을 붙인 후 오므려서 지름 4cm 정도의 크기로 만두를 빚어 놓는다.

13 육수가 끓으면 만두를 넣고 냄비 바닥에 붙지 않도록 저어 주고 만두가 떠오르면 더 끓여 익힌다.

조리과정 만둣국

14 완성 그릇에 담고 황·백 지단과 미나리 초대를 고명으로 올린다.

밀쌈

유월 유둣날 궁중이나 반가에서 만들어 먹었다고 전해지는 '연병'도 밀쌈의 일종으로 밀가루를 지져서 오이 등의 나물 소를 넣거나 콩과 들깨를 합하여 소로 넣고 만들었다. 구미를 잃기 쉬운 여름철에 좋은 산뜻한 맛의 음식이다.

밀쌈

재료

- 소고기　　　　　　30g
- 오이　　　　　　　1/2개
- 당근(길이 4cm)　　30g
- 죽순　　　　　　　20g
- 건표고버섯(불린것) 1.5장
- 달걀　　　　　　　1개
- 소금　　　　　　　적당량
- 식용유　　　　　　3T

밀전병

- 밀가루　　　　　　60g
- 물　　　　　　　　1C
- 소금　　　　　　　1/3t

소고기, 표고버섯 양념

- 진간장　　　　　　2t
- 설탕　　　　　　　1t
- 다진 파　　　　　 1t
- 다진 마늘　　　　 1/2t
- 후춧가루　　　　　약간
- 깨소금　　　　　　1/4t
- 참기름　　　　　　1t

초간장

- 진간장　　　　　　1T
- 설탕　　　　　　　1/3t
- 식초　　　　　　　1/2T

요구사항

1. 밀쌈의 지름은 2cm 정도, 길이는 4cm 정도로 만드시오.
2. 밀쌈은 8개 제출하고 초간장을 곁들이시오.

만드는 법

1. 밀가루에 물을 동량으로 넣고 소금 약간 넣어 농도를 맞춘 뒤 체에 내려 반죽을 숙성시킨다.
2. 오이는 돌려 깎아 4×0.2×0.2cm 크기로 채 썰어 소금을 약간 넣고 절여 수분을 제거한다.
3. 당근은 4×0.2×0.2cm로 채 썬다.
4. 죽순은 4×0.2×0.2cm로 가늘게 채 썰어 데친 다음 헹군다.
5. 파, 마늘은 곱게 다져서 분량의 양념장을 만든다.
6. 불린 표고버섯은 기둥과 수분을 제거하고 포를 떠 가늘게 채 썰어 양념장에 무친다.
7. 소고기는 결대로 4×0.2×0.2cm로 가늘게 채 썰어 핏물을 제거하여 양념장에 무친다.
8. 달걀은 황·백 지단(소금 간)을 얇게 부쳐 식으면 4×0.2cm로 가늘게 채 썬다.
9. 팬에 기름을 넣고 약한 불에서 밀전병을 15×20cm 정도의 크기로 얇게 2장을 부친다.
10. 달군 팬에 식용유를 두르고 오이, 죽순, 당근, 표고버섯, 소고기 순으로 각각 볶는다(죽순, 당근은 소금으로 간하면서 볶는다).
11. 김발 위에 밀전병을 펴놓고 준비한 재료를 놓고 지름 2cm로 단단하게 말아 길이 4cm로 썰어 접시에 8개 담고 초간장을 곁들인다.

조리 point

- 밀전병을 얇게 부친다.
- 밀전병은 약한 불에서 기름을 적게 사용하여 부친다.

조리과정 밀쌈

1 밀가루에 물을 동량으로 넣고 소금 약간 넣어 농도를 맞춘 뒤 체에 내려 반죽을 숙성시킨다.

3 당근은 4×0.2×0.2cm로 채 썬다.

2 오이는 돌려 깎아 4×0.2×0.2cm 크기로 채 썰어 소금을 약간 넣고 절여 수분을 제거한다.

4 죽순은 4×0.2×0.2cm로 가늘게 채 썰어 데친 다음 헹군다.

조리과정 밀쌈

5 파, 마늘은 곱게 다져서 분량의 양념장을 만든다.

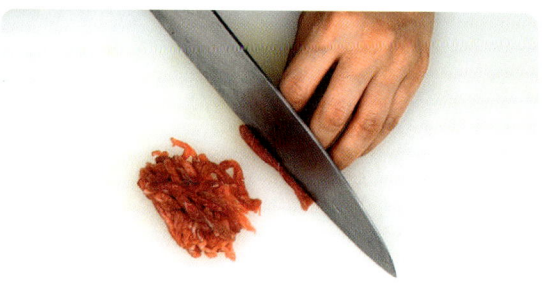

7 소고기는 결대로 4×0.2×0.2cm로 가늘게 채 썰어 핏물을 제거하여 양념장에 무친다.

6 불린 표고버섯은 기둥과 수분을 제거하고 포를 떠 가늘게 채 썰어 양념장에 무친다.

8 달걀은 황·백 지단(소금 간)을 얇게 부쳐 식으면 4×0.2cm로 가늘게 채 썬다.

조리과정 밀쌈

9. 팬에 기름을 넣고 약한 불에서 밀전병을 15×20cm 정도의 크기로 얇게 2장을 부친다.

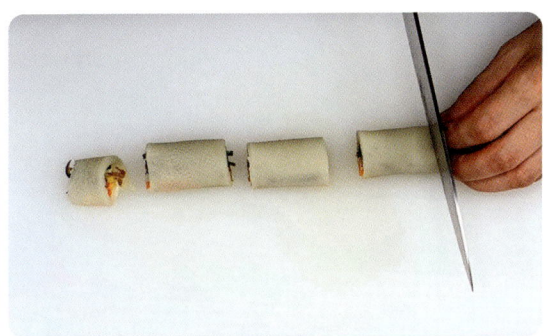

10. 달군 팬에 식용유를 두르고 오이, 죽순, 당근, 표고버섯, 소고기 순으로 각각 볶는다. (죽순, 당근은 소금으로 간하면서 볶는다)

11. 김발 위에 밀전병을 펴놓고 준비한 재료를 놓고 지름 2cm로 단단하게 말아 길이 4cm로 썰어 접시에 8개 담고 초간장을 곁들인다.

두부선

우리나라 문헌의 최초의 두부의 기록은 고려 말엽의 성리학자인 이색의 '대사구두부래향(大舍求豆腐來餉)'이라는 시 속에 처음 등장하여 고려 시대부터 먹기 시작한 것으로 전해진다.

콩 속의 성분에는 항암, 골다공증 예방, 콜레스테롤 감소, 고혈압 예방에 좋은 성분이 있고 콩의 소화율은 65%이고 두부의 소화율은 95%로 소화 흡수가 잘 되며 열량이 낮아 다이어트에도 효과적이다.

두부선

재료

- 두부　　　　　120g
- 닭가슴살　　　 40g
- 표고버섯　　　1/2장
- 석이버섯　　　1g(1장)
- 달걀　　　　　0.5개
- 실고추　　　　　1g
- 잣　　　　　　 10g
- 식용유　　　　1/2T

두부, 닭고기 양념

- 소금　　　　　1/3t
- 다진 파　　　　　1t
- 다진 마늘　　　 1/2t
- 흰 후춧가루　　 약간
- 깨소금　　　　 1/2t
- 참기름　　　　 1/3t

겨자장

- 발효 겨자　　　　1T
(겨잣가루 1T, 따뜻한 물 1T)
- 설탕　　　　　 1.5T
- 식초　　　　　 1.5T
- 진간장　　　　 약간
- 소금　　　　　 약간

요구사항

1. 두부선의 크기는 3cm×3cm×1cm 정도로 9개를 제출하시오.
2. 고명(황·백 지단, 석이버섯, 표고버섯, 실고추)은 채 썰고 잣은 비늘 잣으로 사용하며, 겨자장을 곁들이시오.

만드는 법

1. 두부는 면포로 물기를 꼭 짠 다음 칼등으로 곱게 으깬다.
2. 닭 가슴살은 수분과 힘줄을 제거한 후 곱게 다진다.
3. 대파, 마늘은 곱게 다진다.
4. 으깬 두부와 다진 닭고기에 양념하여 끈기 있게 치댄다.
5. 불린 표고버섯은 수분과 기둥을 제거하여 포를 떠서 2×0.2×0.2cm로 가늘게 채 썬다.
6. 석이버섯은 이끼를 깨끗이 손질하고 2×0.1×0.1cm로 가늘게 채 썬다.
7. 달걀은 황·백 지단을 얇게 부쳐 식으면 2×0.2cm 길이로 채 썬다.
8. 실고추는 2cm 길이로 자른다.
9. 잣은 고깔을 떼고 면포로 닦아 길이로 반을 갈라 비늘 잣으로 준비한다.
10. 양념한 두부와 닭고기를 고루 펴서 12×12×1cm 크기로 네모진 반대기를 만든다.
11. 젖은 면포에 10을 올리고 고명을 얹은 후 면포로 덮어 찜통에 10분 정도 찐다.
12. 식으면 3×3cm 크기로 썰어 9개를 접시에 담아낸다.
13. 겨잣가루에 따뜻한 물을 넣고 갠 다음 뜨거운 냄비 뚜껑 위에 엎어 놓고 발효시켜 설탕을 잘 섞고 식초를 조금씩 넣어 풀어 간장, 소금을 넣고 겨자장을 만들어 곁들여 낸다.

조리 *point*

- 두부선에 실고추는 꺼내기 직전에 올려 살짝 뜸 들이면 고추 물이 들지 않는다.
- 두부의 물기는 최대한 제거하고, 닭고기는 곱게 다져서 오래 치대주면 표면이 매끄럽다.
- 두부선은 식은 다음에 썰어야 부서지지 않는다.

조리과정 두부선

1 두부는 면포로 물기를 꼭 짠 다음 칼등으로 곱게 으깬다.

3 대파, 마늘은 곱게 다진다.

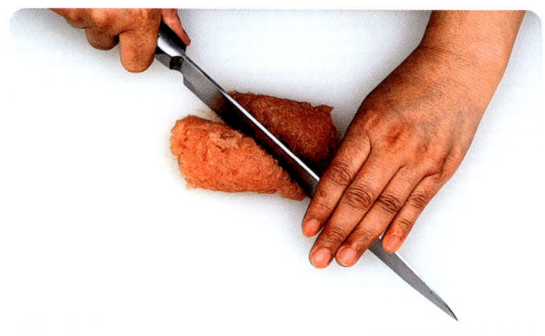

2 닭 가슴살은 수분과 힘줄을 제거한 후 곱게 다진다.

조리과정 두부선

4 으깬 두부와 다진 닭고기에 양념하여 끈기 있게 치댄다.

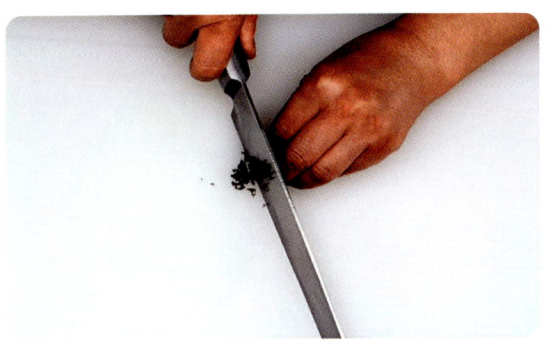

6 석이버섯은 이끼를 깨끗이 손질하고 2×0.1×0.1cm로 가늘게 채 썬다.

5 불린 표고버섯은 수분과 기둥을 제거하여 포를 떠서 2×0.2×0.2cm로 가늘게 채 썬다.

7 달걀은 황·백 지단을 얇게 부쳐 식으면 2×0.2cm 길이로 채 썬다.

조리과정 두부선

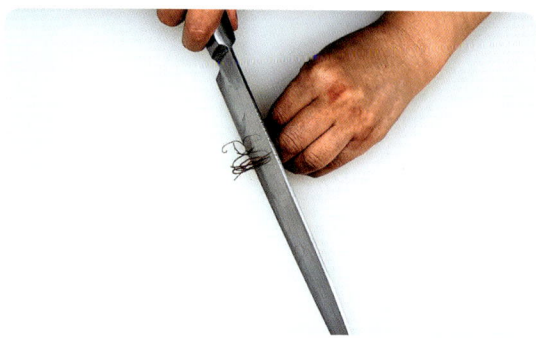

8 실고추는 2cm 길이로 자른다.

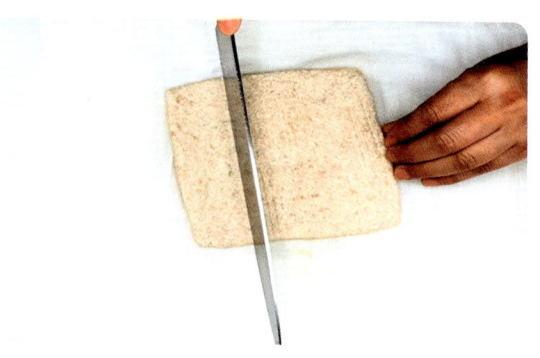

10 양념한 두부와 닭고기를 고루 펴서 12×12×1cm 크기로 네모진 반대기를 만든다.

9 잣은 고깔을 떼고 면포로 닦아 길이로 반을 갈라 비늘 잣으로 준비한다

11 젖은 면포에 10 을 올리고 고명을 얹은 후 면포로 덮어 찜통에 10분 정도 찐다.

조리과정 두부선

12 식으면 3×3cm 크기로 썰어 9개를 접시에 담아낸다.

13 겨잣가루에 따뜻한 물을 넣고 갠 다음 뜨거운 냄비 뚜껑 위에 엎어 놓고 발효시켜 설탕을 잘 섞고 식초를 조금씩 넣어 풀어 간장, 소금을 넣고 겨자장을 만들어 곁들여 낸다.

호박나물

애호박에는 다양한 비타민과 칼륨이 많이 함유되어 있어 항산화제, 항염증, 항암에 도움을 주고 비타민 E는 염증 억제, 비타민 A는 면역력을 높여준다.

호박나물

재료

- 애호박   1/2개
  (길이 10~15㎝ 정도)
- 소고기   30g
- 새우젓   2t
- 다진 파   1t
- 마늘   1/2t
- 실고추   약간
- 깨소금   약간
- 참기름   1t
- 소금   1t
- 식용유   1T

소고기 양념장

- 진간장   1t
- 다진 파   약간
- 다진 마늘   약간
- 후춧가루   약간
- 깨소금   약간
- 참기름   약간

요구사항

1. 애호박은 0.5cm 정도 두께의 반달형으로 썰어 소금에 절이고, 소고기는 다져서 양념하여 호박과 같이 볶아 새우젓으로 간하고 실고추를 고명으로 얹으시오.

만드는 법

1. 애호박은 길이로 반을 갈라 0.5cm 두께 반달 모양으로 썰어 소금에 살짝 절인 후 물기를 제거한다.
2. 파, 마늘은 곱게 다져 일부는 양념장을 만든다.
3. 소고기는 곱게 다져서 핏물을 제거하여 양념장에 무친다.
4. 새우젓은 곱게 다진다.
5. 실고추를 2cm로 썰어 놓는다.
6. 팬에 식용유를 두른 후 소고기를 볶아 익으면 애호박을 넣어 볶다가 다진 파, 다진 마늘, 새우젓을 넣고 볶은 다음 깨소금, 참기름을 넣어 그릇에 담고 실고추를 고명으로 얹는다.

조리과정 호박나물

1. 애호박은 길이로 반을 갈라 0.5cm 두께 반달 모양으로 썰어 소금에 살짝 절인 후 물기를 제거한다.

2. 파, 마늘은 곱게 다져 일부는 양념장을 만든다.

3. 소고기는 곱게 다져서 핏물을 제거하여 양념장에 무친다.

4. 새우젓은 곱게 다진다.

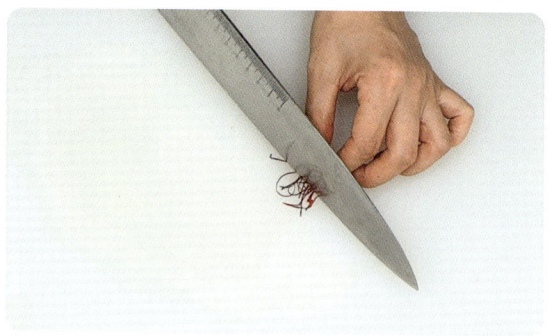

5. 실고추를 2cm로 썰어 놓는다.

조리과정 호박나물

6. 팬에 식용유를 두른 후 소고기를 볶아 익으면 애호박을 넣어 볶다가 다진 파, 다진 마늘, 새우젓을 넣고 볶은 다음 깨소금, 참기름을 넣어 그릇에 담고 실고추를 고명으로 얹는다.

도라지나물

도라지나물은 《조선무쌍신식요리제법(朝鮮無雙新式料理製法)》에 길경채(桔梗菜)로 소개되어 있다. 도라지는 사포닌, 칼슘, 비타민 B, C, 플라티코디온, 쿠마린, 식이섬유 등 인체에 좋은 성분을 다량 함유하고 있어 진통 완화, 항염 작용, 폐의 기능 향상과 호흡기 질환에 좋은 식품이다.

도라지나물

재료

- 도라지 2뿌리 100g
- 소금 1t
- 파 1/2t
- 마늘 1/3t
- 식용유 1T
- 깨소금 약간
- 참기름 약간

요구사항

1. 도라지는 6cm×0.5cm×0.5cm 정도 크기로 식용유에 볶아서 사용하시오.

만드는 법

1. 도라지는 껍질을 벗겨내고 6×0.5×0.5cm 두께로 채 썬다.
2. 도라지에 소금을 넣고 주물러 물에 담가 쓴맛을 뺀다.
3. 파, 마늘은 곱게 다진다.
4. 팬에 식용유를 넣고 도라지를 볶다가 파, 마늘, 물 3T를 넣어 익으면 깨소금, 참기름을 넣어 완성 그릇에 담는다.

조리 point
- 도라지는 채 썰어 소금을 넣고 주물러 물에 담가야 쓴맛이 빠진다.

과제4형 | 도라지나물

조리과정 도라지나물

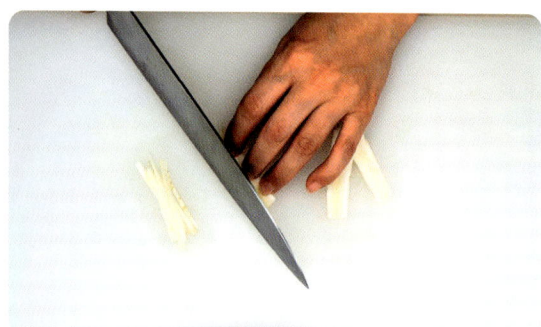

1 도라지는 껍질을 벗겨내고 6×0.5×0.5 cm 두께로 채 썬다.

2 도라지에 소금을 넣고 주물러 물에 담가 쓴맛을 뺀다.

3 파, 마늘은 곱게 다진다.

4 팬에 식용유를 넣고 도라지를 볶다가 파, 마늘, 물 3T를 넣어 익으면 깨소금, 참기름을 넣어 완성 그릇에 담는다.

시금치나물

시금치는 비타민 A, C, K 등과 칼슘, 철분, 엽산이 풍부하여 뼈를 튼튼하게 하고 골다공증 예방과 활성산소를 제거하여 노화 예방에 도움을 준다.

시금치나물

재료

- 시금치　　200g
- 소금　　약간
- 국 간장　　약간
- 대파　　약간
- 마늘　　약간
- 깨소금　　1/2t
- 참기름　　1/2t

요구사항

1. 시금치는 손질하여 뿌리 쪽에 열십자 칼집을 넣어 사용하시오.

만드는 법

1. 시금치는 다듬어 씻어 뿌리 쪽에 열십자로 칼집을 넣어 끓는 물에 소금을 넣고 데쳐 헹군다.
2. 시금치를 5cm로 썰어 수분을 제거한다.
3. 파, 마늘을 곱게 다져 시금치에 넣고 국간장, 소금, 깨소금, 참기름을 넣고 무쳐 완성 그릇에 담는다.

조리 point
- 시금치를 끓는 물에 넣어 가장자리가 끓으면 건져 바로 찬물에 헹군다.
- 시금치는 수분을 적당히 제거하고 파, 마늘은 조금 넣는다.

조리과정 시금치나물

1 시금치는 다듬어 씻어 뿌리 쪽에 열십자로 칼집을 넣어 끓는 물에 소금을 넣고 데쳐 헹군다.

3 파, 마늘을 곱게 다져 시금치에 넣고 국 간장, 소금, 깨소금, 참기름을 넣고 무쳐 완성 그릇에 담는다.

2 시금치를 5cm로 썰어 수분을 제거한다.

5형 총재료목록

규아상, 닭찜, 월과채, 모둠전

시험시간 2시간

구분	재료명	규격	단위	수량	비고
1	소고기	우둔	g	120	
2	건표고버섯	불린 것	개	6	
3	오이		개	1/3	
4	닭		마리	1/2	세로로 반을 잘라 지급
5	밤	껍질 있는 것	개	2	
6	당근	길이 7cm정도	g	50	
7	달걀		개	3	
8	은행	겉껍질 깐 것	개	3	
9	애호박		개	1	
10	두부		g	20	
11	깻잎	작은 것	장	3	
12	느타리버섯		g	30	
13	홍고추	길이로 자른 것	개	1/2	
14	찹쌀가루	방앗간에서 불려 빻은 것	g	100	
15	밀가루	중력분	g	120	
16	잣		g	10	
17	대파	흰부분(4cm 정도)	토막	2	
18	마늘		쪽	3	
19	생강		g	20	
20	진간장		mL	70	
21	흰설탕		g	40	
22	소금		g	30	
23	깨소금		g	15	
24	참기름		mL	20	
25	식초		mL	10	
26	검은후춧가루		g	5	
27	식용유		mL	100	

5형 과제별 재료목록

A. 규아상	B. 닭찜	C. 월과채	D. 모둠전
밀가루	닭	애호박	건표고버섯
소고기	밤	느타리버섯	깻잎
건표고버섯	당근	건표고버섯	애호박
오이	건표고버섯	소고기	소고기
잣	달걀	홍고추	두부
대파	은행	달걀	달걀
마늘	생강	찹쌀가루	밀가루
식초	대파	대파	대파
진간장	마늘	마늘	마늘
참기름	진간장	진간장	진간장
식용유	참기름	참기름	참기름
흰설탕	식용유	식용유	식용유
소금	흰설탕	흰설탕	흰설탕
깨소금	소금	소금	소금
검은후춧가루	깨소금	깨소금	깨소금
	검은후춧가루	검은후춧가루	검은후춧가루

규아상

조선 후기의 궁중식(宮中食) 만두로 해삼 모양으로 생겼다 해서 '미만두'라고도 한다. 규아상은 오이가 많이 나오는 여름철에 주로 만들어 먹는 만두로서 만두소에 오이를 넣었기 때문에 쉽게 쉬지 않으며 특히 담쟁이 잎을 깔아 한층 전통 음식의 운치를 더해주는 요리이다.

규아상

재료

- 소고기 30g
- 건 표고버섯 1장
- 오이 1/3개
- 잣 10g
- 소금 약간
- 식용유 2T

만두피
- 밀가루 80g
- 소금 약간
- 물 3T

소고기, 표고버섯 양념장
- 진간장 2t
- 설탕 약간
- 다진 파 1t
- 다진 마늘 1/2t
- 후춧가루 약간
- 깨소금 1/2t
- 참기름 1/2t

초간장
- 진간장 1T
- 설탕 1/2T
- 식초 1/2T

요구사항

1. 표고버섯과 오이는 채 썰고 소고기는 다져서 사용하시오.
2. 잣은 소에 넣으시오.
3. 만두피는 지름 8cm 정도로 하여 6개를 만들고, 초간장을 곁들이시오.

만드는 법

1. 밀가루는 체에 내려 덧가루를 1T 남기고 소금물로 반죽해서 비닐봉지에 넣어 숙성시킨다.
2. 파, 마늘을 곱게 다져서 분량의 양념장을 만든다.
3. 소고기는 곱게 다져서 핏물을 제거하여 양념장에 무친다.
4. 불린 표고버섯은 수분과 기둥을 제거하여 포를 떠서 3×0.2×0.2cm로 곱게 채 썰어 양념장에 무친다.
5. 오이는 돌려 깎아 3×0.2×0.2cm로 곱게 채 썰어 소금에 절여 수분을 제거한다.
6. 잣은 고깔을 떼고 면포로 닦아 놓는다.
7. 팬에 소량의 식용유를 두르고 오이, 표고버섯, 소고기 순으로 각각 볶아서 식힌 후 고루 섞어 소를 만든다.
8. 밀가루 반죽은 지름 8cm로 얇게 밀어 만두피 6개를 만든다.
9. 만두피에 소와 잣을 넣고 반을 접어 주름을 잡아가면서 해삼처럼 빚어 양 끝을 삼각지게 만든다.
10. 김이 오른 찜통에 젖은 면포를 깔고 7~8분 정도 찐다.
11. 접시에 규아상을 담고 초간장을 곁들인다.

조리 point

- 만두피를 지름 8cm로 6개를 만들어 도마에 펴놓고 소를 같은 양으로 6개 올려 빚으면 빠르게 만들 수 있다.

조리과정 규아상

1 밀가루는 체에 내려 덧가루를 1T 남기고 소금물로 반죽해서 비닐봉지에 넣어 숙성시킨다.

3 소고기는 곱게 다져서 핏물을 제거하여 양념장에 무친다.

2 파, 마늘을 곱게 다져서 분량의 양념장을 만든다.

4 불린 표고버섯은 수분과 기둥을 제거하여 포를 떠서 3×0.2×0.2cm로 곱게 채 썰어 양념장에 무친다.

조리과정 규아상

5 오이는 돌려 깎아 3×0.2×0.2cm로 곱게 채 썰어 소금에 절여 수분을 제거한다.

7 팬에 소량의 식용유를 두르고 오이, 표고버섯, 소고기 순으로 각각 볶아서 식힌 후 고루 섞어 소를 만든다.

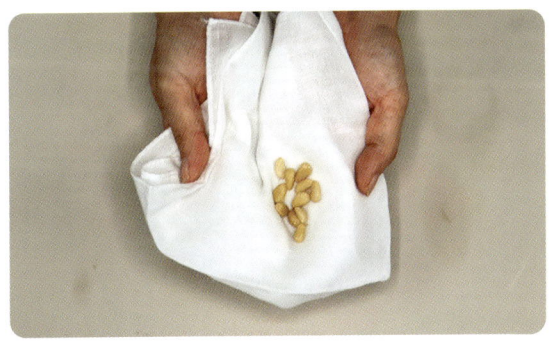

6 잣은 고깔을 떼고 면포로 닦아 놓는다.

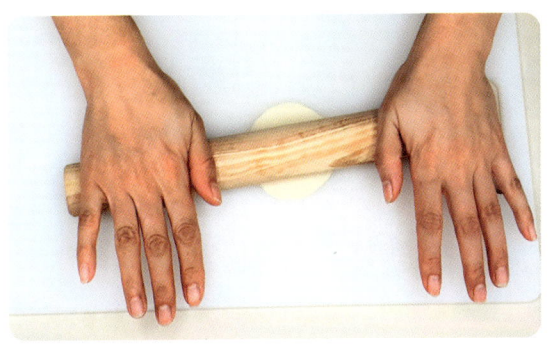

8 밀가루 반죽은 지름 8cm로 얇게 밀어 만두피 6개를 만든다.

조리과정 규아상

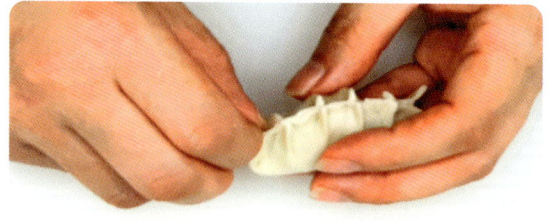

9 만두피에 소와 잣을 넣고 반을 접어 주름을 잡아가면서 해삼처럼 빚어 양 끝을 삼각 지게 만든다.

10 김이 오른 찜통에 젖은 면포를 깔고 7~8분 정도 찐다.

11 접시에 규아상을 담고 초간장을 곁들인다.

닭찜

닭고기는 고단백질 식품으로 기력 회복에 좋고 특히 따뜻한 음식을 먹어야 하는 소음인에게 더욱 좋다. 콜레스테롤이 적고 간에는 핵산과 비타민A가 풍부하다.

닭찜

재료

- 닭　　　　　1/2마리
- 당근　　　　50g
- 밤　　　　　2개
- 건표고버섯　1개
- 은행　　　　3개
- 달걀　　　　1/2개
- 식용유　　　1/2T

양념장

- 진간장　　　2T
- 설탕　　　　1T
- 다진 파　　　2t
- 다진 마늘　　1t
- 다진 생강　　1/4t
- 후춧가루　　약간
- 깨소금　　　1/2t
- 참기름　　　1T

요구사항

1. 닭은 4~5cm 정도의 크기로 토막을 내시오.
2. 닭은 끓는 물에서 기름을 제거하여 사용하고, 토막 낸 닭은 부서지지 않게 조리하시오.
3. 황·백 지단은 완자(마름모꼴) 모양으로 만들어 각 2개씩 고명으로 얹으시오.

만드는 법

1. 냄비에 닭 데칠 물을 3C 정도 넣고 끓인다.
2. 닭은 내장과 기름을 제거하고 4~5cm 크기로 토막 낸 후 끓는 물에 데쳐 찬물에 헹군다.
3. 당근은 3×3cm 크기로 썰어 모서리를 다듬는다.
4. 밤은 껍질을 벗겨 물에 담가 놓는다.
5. 불린 표고버섯은 수분과 기둥을 제거하고 작으면 2등분 크면 4등분하여 썬다.
6. 파, 마늘, 생강은 곱게 다져서 양념장을 만든다.
7. 은행은 달궈진 팬에 기름을 두르고 볶아 껍질을 벗긴다.
8. 달걀은 황·백지단(소금 간)을 3mm 두께로 부쳐 식으면 마름모꼴로 썬다.
9. 냄비에 데친 닭과 양념장 1/2을 넣고 볶다가 당근, 밤과 물 1C을 넣고 끓인다.
10. 닭이 반쯤 익으면 표고버섯을 넣고 나머지 양념장을 넣는다.
11. 국물이 3T 정도 남았을 때 센 불에서 저어가며 국물이 1T 남을 때까지 윤기 나게 조려 그릇에 담고 은행과 황·백 지단을 얹는다.

조리 point

- 닭을 토막 낼 때 관절 부위를 잘라야 쉽게 자를 수 있다.
- 마무리할 때 센 불에서 저어 주면 윤기가 난다.

조리과정 닭찜

1 냄비에 닭 데칠 물을 3C 정도 넣고 끓인다.

3 당근은 3×3cm 크기로 썰어 모서리를 다듬는다.

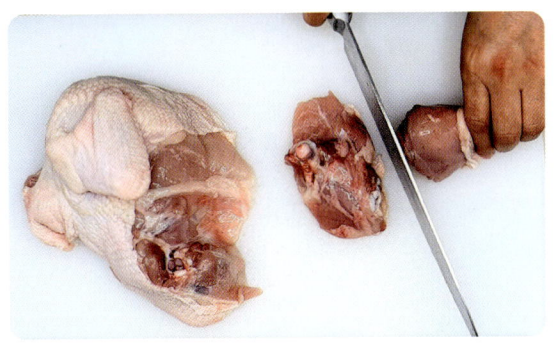

2 닭은 내장과 기름을 제거하고 4~5cm 크기로 토막 낸 후 끓는 물에 데쳐 찬물에 헹군다.

4 밤은 껍질을 벗겨 물에 담가 놓는다.

조리과정 닭찜

5 불린 표고버섯은 수분과 기둥을 제거하고 작으면 2등분 크면 4등분 하여 썬다.

7 은행은 달궈진 팬에 기름을 두르고 볶아 껍질을 벗긴다.

6 파, 마늘, 생강은 곱게 다져서 양념장을 만든다.

8 달걀은 황·백지단(소금 간)을 3㎜ 두께로 부쳐 식으면 마름모꼴로 썬다.

조리과정 닭찜

9 냄비에 데친 닭과 양념장 1/2을 넣고 볶다가 당근, 밤과 물 1C을 넣고 끓인다.

11 국물이 3T 정도 남았을 때 센 불에서 저어가며 국물이 1T 남을 때까지 윤기 나게 조려 그릇에 담고 은행과 황·백 지단을 얹는다.

10 닭이 반쯤 익으면 표고버섯을 넣고 나머지 양념장을 넣는다.

월과채

애호박을 초승달 모양으로 잘라서 잡채처럼 만든 음식이라 붙여진 이름이다. '규합총서'에 월과는 호박나물을 뜻한다. 월과는 박과의 한해살이풀로 참외의 변종으로 오이와 같아 사용하였으나 애호박을 대신 사용하기도 하였다고 기록되어 있다.

월과채

재료

- 애호박 2/3개
- 찹쌀가루 100g
  (젖은 찹쌀가루)
- 느타리버섯 3개(30g)
- 표고버섯 1장
- 소고기 30g
- 홍고추 1/2개
- 달걀 1개
- 소금 약간
- 깨소금 약간
- 참기름 1t
- 식용유 4T

느타리버섯 양념장

- 소금 약간
- 참기름 1/2t

소고기, 표고버섯 양념장

- 진간장 2t
- 설탕 1t
- 다진 파 1t
- 다진 마늘 1/2t
- 검은 후춧가루 약간
- 깨소금 1/4t
- 참기름 1t

요구사항

1. 애호박은 씨를 뺀 다음 눈썹 모양으로 썰고, 소고기는 다지고, 표고버섯, 홍고추, 달걀지단은 0.3cm×0.3cm×5cm 정도의 크기로 채 썰고 느타리버섯은 찢어서 사용하시오.
2. 찹쌀가루는 전병을 부쳐 채소와 같은 길이로 만드시오.

만드는 법

1. 찹쌀가루에 소금을 섞고 끓는 물을 넣어 되직하게 익반죽한다.
2. 애호박은 길이로 반을 갈라 씨 부분은 눈썹 모양처럼 파낸 후 0.3cm 두께로 썰어 소금에 살짝 절여 물기를 제거한다.
3. 파, 마늘은 곱게 다져서 분량의 양념장을 만든다.
4. 느타리버섯은 끓는 물에 소금을 넣고 데친 후 헹궈서 결대로 찢어 물기를 꼭 짜 소금, 참기름으로 양념한다.
5. 불린 표고버섯은 수분과 기둥을 제거하여 포를 떠서 5×0.3×0.3cm로 채 썰어 양념장에 무친다.
6. 소고기는 곱게 다져서 핏물을 제거하여 양념장에 무친다.
7. 홍고추는 반으로 갈라 씨를 제거하여 5×0.3×0.3cm로 채 썬다.
8. 달걀은 팬에 식용유를 두르고 황백 지단(소금 간)을 0.3cm 두께로 부쳐 식으면 5×0.3cm 길이로 썬다.
9. 찹쌀 전병을 6cm 정도의 직사각형으로 만들어 팬에 식용유를 약간 두르고 익힌 후 접시에 설탕을 뿌리고 펴서 식으면 5×0.3×0.3cm 크기로 썬다.
10. 달군 팬에 식용유를 두르고 애호박, 느타리버섯, 홍고추, 표고버섯, 소고기 순서로 각각 볶는다.
11. 모든 재료를 넣고 섞은 후 소금, 깨소금, 참기름으로 양념하여 그릇에 담아낸다.

조리 point

- 전병을 부쳐 접시에 설탕을 뿌려서 담고, 식은 뒤 썰어야 달라붙지 않게 썰 수 있다.
- 반죽을 되직하게 하면 덜 달라붙는다.
- 찹쌀 전병을 부칠 때 식용유를 조금 두르고 굽듯이 부쳐야 서로 달라붙지 않는다.

조리과정 월과채

1 찹쌀가루에 소금을 섞고 끓는 물을 넣어 되직하게 익반죽한다.

3 파, 마늘은 곱게 다져서 분량의 양념장을 만든다.

2 애호박은 길이로 반을 갈라 씨 부분은 눈썹 모양처럼 파낸 후 0.3cm 두께로 썰어 소금에 살짝 절여 물기를 제거한다.

4 느타리버섯은 끓는 물에 소금을 넣고 데친 후 헹궈서 결대로 찢어 물기를 꼭 짜 소금, 참기름으로 양념한다.

조리과정 월과채

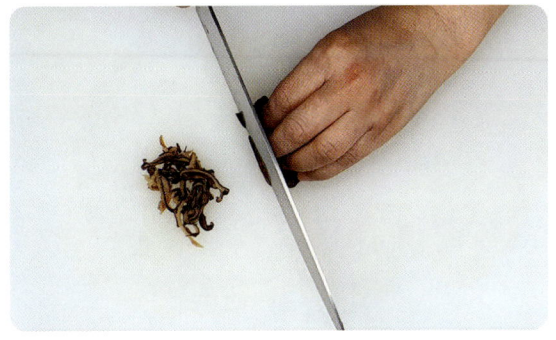

5. 불린 표고버섯은 수분과 기둥을 제거하여 포를 떠서 5×0.3×0.3cm로 채 썰어 양념장에 무친다.

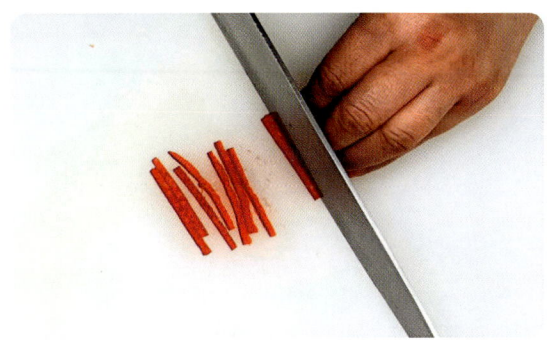

7. 홍고추는 반으로 갈라 씨를 제거하여 5×0.3×0.3cm로 채 썬다.

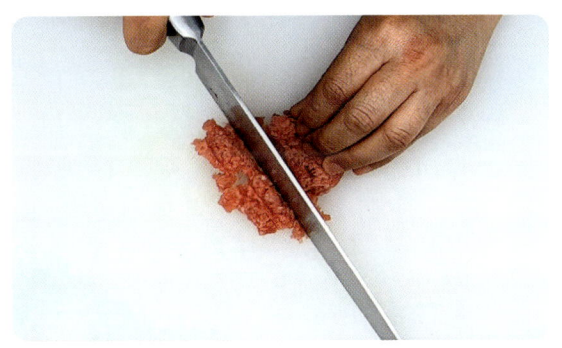

6. 소고기는 곱게 다져서 핏물을 제거하여 양념장에 무친다.

8. 달걀은 팬에 식용유를 두르고 황·백지단(소금 간)을 0.3cm 두께로 부쳐 식으면 5×0.3cm 길이로 썬다.

조리과정 월과채

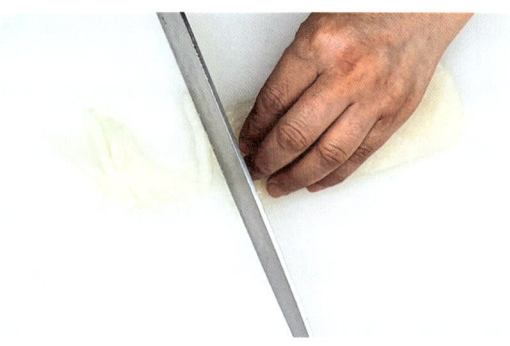

9 찹쌀 전병을 6cm 정도의 직사각형으로 만들어 팬에 식용유를 약간 두르고 익힌 후 접시에 설탕을 뿌리고 펴서 식으면 5×0.3×0.3cm 크기로 썬다.

tip 칼에 참기름을 묻혀서 썰면 잘 붙지 않는다.

10 달군 팬에 식용유를 두르고 애호박, 느타리버섯, 홍고추, 표고버섯, 소고기 순서로 각각 볶는다.

조리과정 월과채

11 모든 재료를 넣고 섞은 후 소금, 깨소금, 참기름으로 양념하여 그릇에 담아낸다.

모둠전 (표고버섯전·깻잎전·애호박전)

표고버섯은 인, 칼륨, 비타민 등의 무기질이 풍부하며 항바이러스 및 항콜레스테롤 효능이 있고, 깻잎은 칼슘, 철분이 함유되어 빈혈에 좋으며 가바 성분과 로즈마리산이 있어 기억력 증가, 치매예방에 좋으며 페릴키톤이라는 성분이 있어 방부제 역할을 하여 식중독 예방에 효과가 있다.

모둠전 (표고버섯전·깻잎전·애호박전)

재료

- 건표고버섯　　　3개
  (지름 2.5~4 정도)
- 깻잎　　　　　　3장
- 애호박　　　　　1/3개
- 소고기　　　　　60g
- 두부　　　　　　20g
- 밀가루　　　　　40g
- 달걀　　　　　　1.5개
- 소금　　　　　　5g
- 식용유　　　　　1.5T

표고버섯 유장

- 진간장　　　　　1t
- 설탕　　　　　　1t
- 참기름　　　　　1t

소 양념

- 소금　　　　　　약간
- 설탕　　　　　　약간
- 다진 파　　　　　1t
- 다진 마늘　　　　1/2t
- 검은 후춧가루　　약간
- 깨소금　　　　　약간
- 참기름　　　　　1t

요구사항

1. 표고전은 표고버섯과 소를 각각 양념하여 사용하고 3개를 지져내시오.
2. 깻잎전은 소고기, 두부를 소로 사용하여 길이로 맞붙여 3개 지져내시오.
3. 애호박은 0.5cm 두께의 원형으로 썰어 5개 지져내시오.

만드는 법

1. 불린 표고버섯은 수분과 기둥을 제거하고 유장에 재운다.
2. 깻잎은 깨끗이 씻어서 물에 담갔다가 물기를 제거한다.
3. 호박은 0.5cm 두께로 둥글게 썰어 소금에 살짝 절여 물기를 제거한다.
4. 파, 마늘은 곱게 다진다.
5. 소고기는 핏물을 제거한 후 기름기와 힘줄을 제거하여 곱게 다진다.
6. 두부는 면포로 물기를 꼭 짠 다음 칼등으로 곱게 으깬다.
7. 소고기, 두부, 소 양념을 하여 끈기가 생기도록 충분히 치댄다.
8. 달걀은 흰자를 1/2 정도 덜어내고 소금을 넣어 잘 섞는다.
9. 호박에 밀가루를 묻히고 여분의 밀가루를 잘 털어내고 달걀 물을 묻혀 달궈진 팬에 식용유 두르고 약한 불에서 지진다.
10. 표고버섯 안쪽에 밀가루를 골고루 묻히고 소를 평편하게 채우고 밀가루를 고기 쪽에만 묻힌 다음 고기 쪽만 달걀물을 입혀 팬에 식용유 두르고 약 불에서 지져낸다.
11. 깻잎 안쪽에 밀가루를 전체에 묻히고 소를 얇게 펴서 넣고 반을 접어 밀가루, 달걀을 입혀 약한 불에서 지져낸다.
12. 완성 접시에 애호박전 5개 표고전, 깻잎전 3개씩 담는다.

> **조리 point**
> - 표고버섯과 깻잎에 소를 많이 넣으면 잘 안 익기 때문에 적당히 넣어 익힌다.
> - 건표고버섯은 따뜻한 물에 설탕을 넣고 불리면 빨리 불릴 수 있다.
> - 호박전은 여러 번 뒤집으면 모양이 흐트러지므로 한 면을 완전히 익힌 다음 한 번만 뒤집도록 한다.

조리과정 모둠전

1️⃣ 불린 표고버섯은 수분과 기둥을 제거하고 유장에 재운다.

3️⃣ 호박은 0.5cm 두께로 둥글게 썰어 소금에 살짝 절여 물기를 제거한다.

2️⃣ 깻잎은 깨끗이 씻어서 물에 담갔다가 물기를 제거한다.

4️⃣ 파, 마늘은 곱게 다진다.

조리과정 모둠전

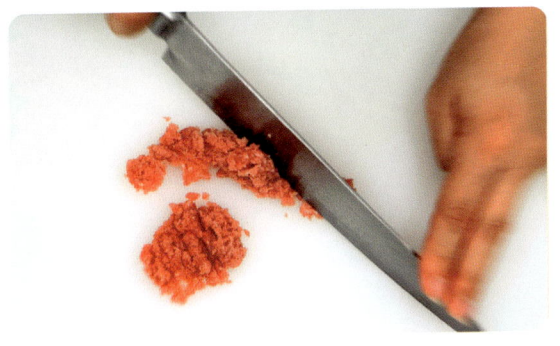

5 소고기는 핏물을 제거한 후 기름기와 힘줄을 제거하여 곱게 다진다.

7 소고기, 두부, 소 양념을 하여 끈기가 생기도록 충분히 치댄다.

6 두부는 면포로 물기를 꼭 짠 다음 칼등으로 곱게 으깬다.

8 달걀은 흰자를 1/2 정도 덜어내고 소금을 넣어 잘 섞는다.

조리과정 모둠전

9 호박에 밀가루를 묻히고 여분의 밀가루를 잘 털어내고 달걀 물을 묻혀 달궈진 팬에 식용유 두르고 약한 불에서 지진다.

10 표고버섯 안쪽에 밀가루를 골고루 묻히고 소를 평편하게 채우고 밀가루를 고기 쪽에만 묻힌 다음 고기 쪽만 달걀 물을 입혀 팬에 식용유 두르고 약 불에서 지져낸다.

조리과정 모둠전

11 깻잎 안쪽에 밀가루를 전체에 묻히고 소를 얇게 펴서 넣고 반을 접어 밀가루, 달걀 물을 입혀 약한 불에서 지져 낸다.

tip 깻잎을 오래 지지면 색깔이 누렇게 되므로 소를 최대한 적게 넣고 얇게 펴서 빨리 지져내야 파랗게 지질 수 있다.

12 완성 접시에 애호박전 5개 표고전, 깻잎전 3개씩 담는다.

6형 총재료목록

어만두, 소고기편채, 오징어볶음, 튀김

시험시간 2시간

| 어만두 | 소고기편채 | 오징어볶음 | 튀김 |

구 분	재 료 명	규격	단위	수량	비 고
1	대구살	8x8cm 이상 껍질 있는 것	g	200	
2	건표고버섯	불린 것	개	1	
3	목이버섯		장	1	
4	오이		개	1/3	
5	숙주	생것	g	30	
6	소고기	우둔, 살코기	g	180	
7	전분	감자전분	g	30	
8	무순		g	20	
9	깻잎		장	2	
10	붉은 파프리카		개	1/6	
11	찹쌀가루	방앗간에서 불려 빻은 것	g	150	
12	겨자가루		g	15	
13	물오징어	250g 정도	마리	1	
14	풋고추	길이 5cm 이상	개	1	
15	홍고추		개	1	
16	양파		개	1/2	
17	고구마		g	100	원형을 살려 등분할 것
18	새우	30~40g, 껍질 있는 것	마리	3	
19	밀가루	박력분	g	100	
20	달걀		개	1	
21	잣		g	5	
22	대파	흰부분(4cm 정도)	토막	1	
23	마늘		쪽	2	
24	생강		g	20	
25	진간장		mL	20	
26	흰설탕		g	30	
27	소금		g	30	
28	깨소금		g	10	
29	참기름		mL	10	
30	고춧가루		g	15	
31	고추장		g	50	
32	식초		mL	20	
33	검은후춧가루		g	3	
34	흰후춧가루		g	1	
35	식용유		mL	600	

6형 과제별 재료목록

A. 어만두	B. 소고기편채	C. 오징어볶음	D. 튀김
대구살	소고기	물오징어	고구마
건표고버섯	무순	풋고추	새우
목이버섯	깻잎	홍고추	밀가루
오이	양파	양파	달걀
숙주	붉은 파프리카	대파	잣
소고기	찹쌀가루	마늘	진간장
전분	겨자가루	생강	흰설탕
대파	흰설탕	소금	식초
마늘	소금	진간장	식용유
생강	식초	흰설탕	
흰설탕	진간장	참기름	
깨소금	검은후춧가루	깨소금	
참기름	식용유	고춧가루	
흰후춧가루		고추장	
소금		검은후춧가루	
식용유		식용유	

어만두

어만두는 흰살생선(민어, 대구, 광어)을 얇게 포를 떠서 고기와 채소를 넣고 만두 모양으로 만들어 5대 영양소를 고루 갖춘 담백한 맛이다. 어만두는 조선시대의 궁중 요리로 여름철 교자상이나 주안상에 많이 올렸다.

어만두

재료

- 대구살　　　　　200g
  (껍질 있는 것)
- 소고기　　　　　30g
- 불린 표고버섯　　1장
- 목이버섯　　　　1장
- 오이　　　　　　1/3개
- 숙주　　　　　　30g
- 생강즙　　　　　1T
- 전분(30g)　　　　3T
- 소금　　　　　　1/2t
- 흰 후춧가루　　　약간
- 식용유　　　　　2T

소고기, 표고버섯, 목이버섯 양념

- 진간장　　　　　2t
- 설탕　　　　　　1t
- 다진 파　　　　　1t
- 다진 마늘　　　　1/2t
- 후춧가루　　　　약간
- 깨소금　　　　　1/4t
- 참기름　　　　　1t

요구사항

1. 생선 살은 폭과 길이가 7cm 정도가 되도록 하시오.
2. 소고기는 곱게 다지고 표고버섯, 목이버섯, 오이는 채를 썰어 사용하시오.
3. 숙주는 데쳐서 사용하시오.
4. 어만두는 5개를 제출하시오.

만드는 법

1. 대구 살은 껍질을 벗겨 물기를 제거하여 폭 길이 7×7cm 정도로 얇게 포를 떠서 소금, 흰 후춧가루, 생강즙으로 밑간한다.
2. 파, 마늘은 곱게 다져서 분량의 양념장을 만든다.
3. 소고기는 곱게 다져서 핏물을 제거하고 양념장에 무친다.
4. 불린 표고버섯은 수분과 기둥을 제거하여 포를 떠서 가늘게 채 썰어 양념장에 무친다.
5. 목이버섯은 불려서 손질하여 가늘게 채 썰어 양념장에 재운다.
6. 오이는 5cm 길이로 돌려 깎아 가늘게 채 썬 후 소금에 살짝 절여 면포로 물기를 제거한다.
7. 숙주는 거두절미하여 끓는 소금물에 데쳐서 찬물에 헹궈 송송 썬 후 면포로 꼭 짜서 물기를 제거한다.
8. 팬에 식용유를 두르고 오이, 목이버섯, 표고버섯, 소고기 순으로 각각 볶아서 식힌다.
9. 볼에 준비한 소 재료를 담고 잘 섞어 소금, 참기름으로 양념한다.
10. 생선 살은 전분을 묻히고 소를 넣고 둥글게 싸서 다시 겉면에 전분을 묻힌 다음 수분이 스며들 때까지 둔다.
11. 김이 오른 찜통에 젖은 면포를 깔고 만두를 넣고 젖은 면포로 덮어서 약한 불에 5분 정도 찐다.
12. 접시에 어만두 5개를 보기 좋게 담아낸다.

조리 point

- 센 불에서 찌거나 오래 찌면 잘 갈라진다.
- 면포로 덮어서 찌면 덜 갈라진다.
- 마르면 갈라지므로 덮어 놓는다.
- 생선에 마른 전분이 스며든 다음 쪄내야 투명하게 쪄진다.

조리과정 어만두

1 대구 살은 껍질을 벗겨 물기를 제거하여 폭 길이 7×7cm 정도로 얇게 포를 떠서 소금, 흰 후춧가루, 생강즙으로 밑간한다.

3 소고기는 곱게 다져서 핏물을 제거하고 양념장에 무친다.

4 불린 표고버섯은 수분과 기둥을 제거하여 포를 떠서 가늘게 채 썰어 양념장에 무친다.

2 파, 마늘은 곱게 다져서 분량의 양념장을 만든다.

조리과정 어만두

5. 목이버섯은 불려서 손질하여 가늘게 채 썰어 양념장에 재운다.

6. 오이는 5cm 길이로 돌려 깎아 가늘게 채 썬 후 소금에 살짝 절여 면포로 물기를 제거한다.

7. 숙주는 거두절미하여 끓는 소금물에 데쳐서 찬물에 헹궈 송송 썬 후 면포로 꼭 짜서 물기를 제거한다.

8. 팬에 식용유를 두르고 오이, 목이버섯, 표고버섯, 소고기 순으로 각각 볶아서 식힌다.

9. 볼에 준비한 소 재료를 담고 잘 섞어 소금, 참기름으로 양념한다.

조리과정 어만두

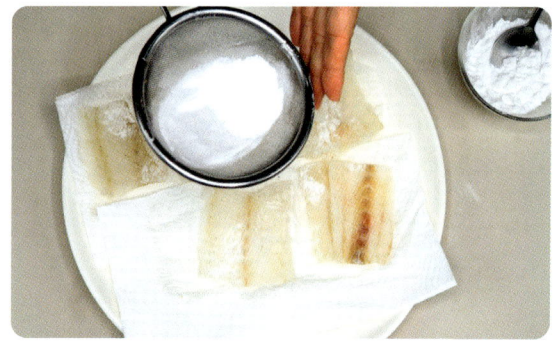

12 접시에 어만두 5개를 보기 좋게 담아낸다.

10 생선 살은 전분을 묻히고 소를 넣고 둥글게 싸서 다시 겉면에 전분을 묻힌 다음 수분이 스며들 때까지 둔다.

11 김이 오른 찜통에 젖은 면포를 깔고 만두를 넣고 젖은 면포로 덮어서 약한 불에 5분 정도 찐다.

소고기편채

여러 가지 채소를 채 썰고 익혀낸 고기에 얹어 돌돌 말아 감싼 뒤에 맵고 새콤달콤한 소스를 찍어 먹으면 느끼하지 않고 개운하며, 고기의 맛과 영양이 그대로 보존되어 본연의 맛을 느낄 수 있다. 어느 정도 질긴 고기라도 찹쌀가루를 묻혀서 구우면 연해진다.

소고기편채

재료

- 소고기 150g
- 찹쌀가루 150g
- 양파 1/6개
- 무순 20g
- 깻잎 2장
- 붉은 파프리카 1/6개
- 식용유 2T

고기 밑간

- 소금 약간
- 후춧가루 약간

겨자장

- 발효 겨자 1T
  (겨잣가루 1T, 따뜻한 물 1T)
- 설탕 1.5T
- 식초 1.5T
- 진간장 약간
- 소금 약간

초간장

- 진간장 1T
- 설탕 1/2T
- 식초 1/2T

요구사항

1. 소고기는 두께 0.2cm, 가로 9cm, 세로 8cm 정도로 얇게 썰고, 찹쌀가루를 사용하시오.
2. 깻잎, 양파, 파프리카는 길이 3~4cm 정도, 두께 0.2cm 정도로 채 썰고 무순도 같은 길이로 써시오.
3. 소고기편채는 4개 만들고 겨자장을 곁들이시오.

만드는 법

1. 소고기를 9×8×0.2cm로 포를 떠서 칼등으로 연육 하여 소금, 후춧가루로 밑간한다.
2. 양파, 깻잎, 붉은 파프리카는 4×0.2cm로 채 썰어, 찬물에 담갔다가 체에 건져서 수분을 제거한다.
3. 무순은 윗부분을 4cm 길이로 썰어 물에 담갔다가 수분을 제거한다.
4. 소고기에 찹쌀가루를 양쪽 면에 묻혀 털어 주고 찹쌀가루가 흡수되게 손바닥으로 눌러준다.
5. 달군 팬에 식용유를 두르고 소고기를 찹쌀가루가 벗겨지지 않게 약한 불에서 지진다.
6. 소고기가 뜨거울 때 준비한 채소를 얹고 고깔 모양으로 풀리지 않도록 말아 준다.
7. 겨잣가루를 따뜻한 물과 동량으로 혼합하여 따뜻한 냄비 위에서 발효시킨다.
8. 발효 겨자 1T에 설탕 1.5T를 넣고 혼합한 다음 식초 1.5T, 간장 약간, 소금 약간 넣어 겨자장을 만들어 곁들여 낸다.

조리 point

- 소고기 포를 얇게 뜨고 뜨거울 때 말아야 잘 말 수 있다.
- 찹쌀가루를 두껍게 입히면 말 때 잘 풀린다.

조리과정 소고기편채

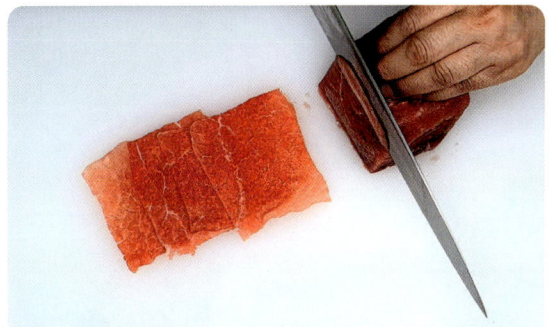

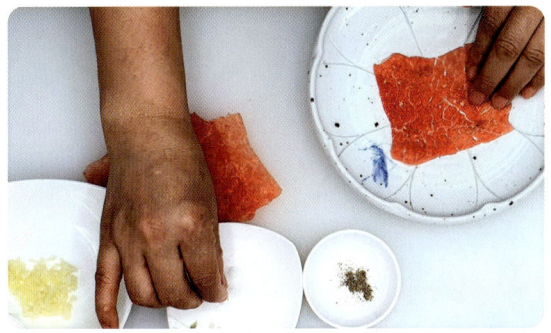
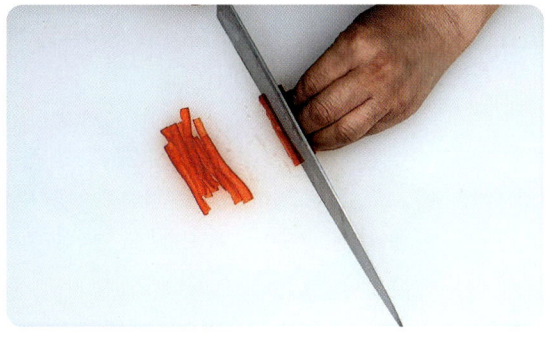

1 소고기를 9×8×0.2cm로 포를 떠서 칼등으로 연육 하여 소금, 후춧가루로 밑간한다.

2 양파, 깻잎, 붉은 파프리카는 4×0.2cm로 채 썰어, 찬물에 담갔다가 체에 건져서 수분을 제거한다.

조리과정 소고기편채

3 무순은 윗부분을 4cm 길이로 썰어 물에 담갔다가 수분을 제거한다.

4 소고기에 찹쌀가루를 양쪽 면에 묻혀 털어 주고 찹쌀가루가 흡수되게 손바닥으로 눌러준다.

5 달군 팬에 식용유를 두르고 소고기를 찹쌀가루가 벗겨지지 않게 약한 불에서 지진다.

6 소고기가 뜨거울 때 준비한 채소를 얹고 고깔 모양으로 풀리지 않도록 말아 준다.

조리과정 소고기편채

7 겨잣가루를 따뜻한 물과 동량으로 혼합하여 따뜻한 냄비 위에서 발효시킨다.

8 발효 겨자 1T에 설탕 1.5T를 넣고 혼합한 다음 식초 1.5T, 간장 약간, 소금 약간 넣어 겨자장을 만들어 곁들여 낸다.

오징어볶음

오징어는 오래 익히면 질겨지기 때문에, 오징어가 익고 양념이 배어들 정도로만 볶는 것이 포인트. 센 불에서 단시간에 볶아야 맛있는 오징어볶음을 만들 수 있다.

오징어볶음

재료

- 물오징어 1마리 (250g 정도)
- 양파 1/4개 50g
- 홍고추 1개
- 풋고추 1개
- 대파 1/4개
- 식용유 1T
- 깨소금 1t
- 참기름 2t

고추장 양념장

- 고추장 2T
- 고춧가루 1T
- 진간장 1t
- 설탕 1T
- 다진 마늘 1/2T
- 다진 생강 약간
- 검은 후춧가루 약간

요구사항

1. 오징어는 0.3cm 폭으로 어슷하게 칼집을 넣어 5cm×2cm 정도의 크기로 써시오(단, 오징어 다리는 4cm 길이로 자른다).
2. 고추, 파는 어슷썰기, 양파는 폭 1cm 정도로 썰어 사용하시오.

만드는 법

1. 오징어를 배를 갈라서 내장을 제거한 후 씻어 껍질을 벗기고 안쪽에 가로, 세로 0.3cm의 간격으로 어슷하게 칼집을 넣어 5×2cm로 썬다.
2. 오징어 다리도 껍질을 벗겨 6cm 길이로 썬다.
3. 양파는 폭 1cm로 썰어 놓는다.
4. 홍고추·풋고추는 0.5cm 두께로 어슷하게 썰어 씨를 제거한다.
5. 대파는 0.5cm 두께로 어슷하게 썬다.
6. 마늘, 생강은 곱게 다져 고추장 양념장을 만든다.
7. 달군 팬에 기름을 약간 두르고 양파를 살짝 볶다가 오징어를 넣어 볶다가 오징어가 반쯤 익으면 중불로 낮추고, 고추장 양념을 넣고 볶는다.
8. 7에 고추, 파를 넣어 살짝 볶음 다음 깨소금, 참기름을 넣어 완성 접시에 담는다.

조리 point

- 오징어는 칼집을 넣을 때 칼을 약간 눕혀서 간격이 똑같고 칼집의 깊이도 일정해야 볶았을 때 모양이 예쁘다.
- 오징어볶음은 고온에서 짧은 시간 내에 볶아야 물이 생기지 않는다.
- 식용유를 너무 많이 넣고 볶으면 나중에 양념장과 기름이 분리된다.
- 오징어볶음은 제출하기 직전에 볶아야 물이 생기지 않는다.

조리과정 오징어볶음

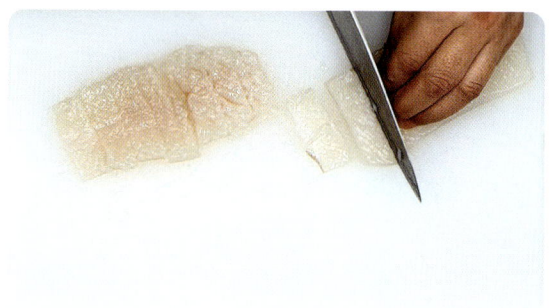

1. 오징어를 배를 갈라서 내장을 제거한 후 씻어 껍질을 벗기고 안쪽에 가로, 세로 0.3cm의 간격으로 어슷하게 칼집을 넣어 5×2cm로 썬다

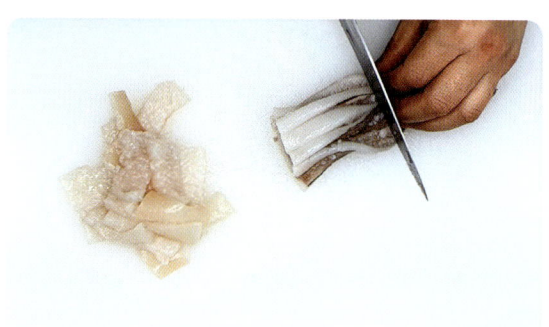

2. 오징어 다리도 껍질을 벗겨 6cm 길이로 썬다.

tip 오징어 다리가 익으면 길이가 많이 짧아진다.

3. 양파는 폭 1cm로 썰어 놓는다.

4. 홍고추·풋고추는 0.5cm 두께로 어슷하게 썰어 씨를 제거한다.

5. 대파는 0.5cm 두께로 어슷하게 썬다.

조리과정 오징어볶음

6. 마늘, 생강은 곱게 다져 고추장 양념장을 만든다.

7. 달군 팬에 기름을 약간 두르고 양파를 살짝 볶다가 오징어를 넣어 볶다가 오징어가 반쯤 익으면 중불로 낮추고, 고추장 양념을 넣고 볶는다.

8. 7에 고추, 파를 넣어 살짝 볶은 다음 깨소금, 참기름을 넣어 완성 접시에 담는다.

튀김 (고구마튀김·새우튀김)

고구마는 비타민 A, C, E를 함유하여 세포의 노화 방지와 피부에 좋으며 칼륨과 섬유소가 많아 활성산소를 없애고 각종 성인병, 심혈관 질환에 좋은 식품이다.

새우는 단백질과 칼슘이 함유되어 성장 발육에 좋고 타우린이 들어 있어 피로회복에 효과적이다.

튀김 (고구마튀김·새우튀김)

재료

- 고구마 100g
  (원형을 살린 것)
- 새우 3마리
- 밀가루(박력분) 100g
- 달걀 1개
- 식용유 50㎖
- 잣 5g

초간장

- 진간장 2t
- 설탕 1t
- 식초 1t
- 잣가루

요구사항

1. 고구마는 0.3cm 두께 원형으로 잘라 전분기를 제거하여 사용하시오.
2. 새우는 내장을 제거하고 구부러지지 않게 튀기시오.
3. 밀가루와 달걀을 섞어 반죽을 만들고, 튀김은 각 3개씩 제출하시오.
4. 초간장에 잣가루를 뿌려 곁들여 내시오.

만드는 법

1. 고구마는 0.3cm 두께의 둥글게 썰어 찬물에 담가 전분을 제거한다.
2. 새우 내장을 제거하고 꼬리 1마디 남기고 껍질을 벗겨 물총을 제거한다.
3. 새우 배 쪽에 칼집을 넣어 힘줄을 펴서 굽어지지 않도록 손질한다.
4. 튀김 팬에 튀김용 기름을 올려놓고 박력분 밀가루 체에 내린다.
5. 달걀노른자와 물 2/3C을 잘 섞은 후 체에 내린 밀가루 2/3C을 넣어 가볍게 저어 튀김옷을 만든다.
6. 고구마와 새우의 물기를 제거하고, 밀가루를 묻힌 후 튀김옷을 입혀 고구마, 새우 순서로 바싹하게 튀겨 키친타월에 기름을 제거한다.
7. 잣의 고깔을 떼고 종이 위에서 곱게 다져 초간장을 만든다.
8. 접시에 키친타월을 접어놓고 튀긴 고구마, 새우를 각각 3개씩 담고 초간장에 잣가루를 얹어 튀김과 같이 제출한다.

조리 point

- 튀김옷은 소금 넣고 따뜻한 물로 미리 반죽하면 글루텐이 생겨 튀김이 바삭하지 않다.
- 튀김 온도는 기름에 튀김옷을 조금 넣어 바닥에서 바로 올라오면 적당한 온도다.
- 튀김 반죽은 튀기기 직전에 반죽하고 제출하기 직전에 튀겨야 바삭하게 된다.

조리과정 튀김

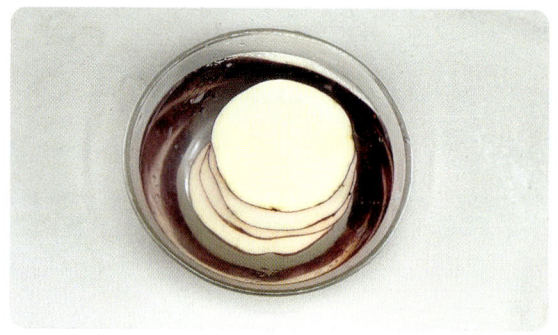

1 고구마는 0.3cm 두께의 둥글게 썰어 찬물에 담가 전분을 제거한다.

2 새우 내장을 제거하고 꼬리 1마디 남기고 껍질을 벗겨 물총을 제거한다.

조리과정 튀김

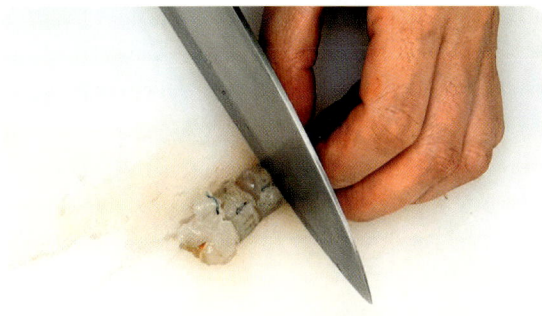

3. 새우 배 쪽에 칼집을 넣어 힘줄을 펴서 굽어지지 않도록 손질한다.

5. 달걀노른자와 물 2/3C을 잘 섞은 후 체에 내린 밀가루 2/3C을 넣어 가볍게 저어 튀김옷을 만든다.

4. 튀김 팬에 튀김용 기름을 올려놓고 박력분 밀가루 체에 내린다.

조리과정 튀김

8 접시에 튀긴 고구마, 새우를 각각 3개씩 담고 초간장에 잣가루를 얹어 튀김과 같이 제출한다.

6 고구마와 새우의 물기를 제거하고, 밀가루를 묻힌 후 튀김옷을 입혀 고구마, 새우 순서로 바싹하게 튀겨 키친타월에 기름을 제거한다.

7 잣의 고깔을 떼고 종이 위에서 곱게 다져 초간장을 만든다.

7형 총재료목록

어선, 소고기전골, 보쌈김치, 섭산삼

시험시간 2시간

| 어선 | 소고기전골 | 보쌈김치 | 섭산삼 |

구 분	재 료 명	규 격	단위	수량	비 고
1	동태	500~800g 정도	마리	1	
2	달걀		개	2	
3	건표고버섯	불린 것	개	5	
4	오이		개	1/3	
5	전분	감자전분	g	30	
6	소고기	우둔, 살코기	g	70	
7	소고기	사태	g	30	
8	숙주	생 것	g	50	
9	당근		개	1	
10	절인배추		포기	1/6	500g 정도 지급
11	무	길이 5cm 이상	g	100	
12	밤	껍질 깐 것	개	1	
13	배	중	개	1/8	30g 정도 지급
14	미나리	줄기 부분	g	30	
15	갓		g	20	적겨자 대체 가능
16	건대추		개	1	
17	석이버섯		g	1	1장
18	잣		g	15	
19	생굴	껍질 벗긴 것	g	20	
20	낙지다리	다리 1개 정도	g	50	해동지급
21	통더덕	중	개	4	
22	찹쌀가루	방앗간에서 불려 빻은 것	g	50	
23	새우젓		g	20	
24	양파		개	1/4	
25	실파		g	50	3뿌리
26	대파	흰부분 4cm 정도	토막	1	
27	마늘		쪽	3	
28	생강		g	20	
29	진간장		mL	20	
30	흰설탕		g	20	
31	소금		g	30	
32	깨소금		g	5	
33	참기름		mL	10	
34	식초		mL	10	
35	고춧가루		g	20	
36	검은후춧가루		g	3	
37	흰후춧가루		g	1	
38	식용유		mL	500	

7형 과제별 재료목록

A. 어선	B. 소고기전골	C. 보쌈김치	D. 섭산삼
동태	소고기(우둔)	절인 배추	더덕
오이	소고기(사태)	무	찹쌀가루
당근	건표고버섯	밤	소금
건표고버섯	숙주	배	식용유
달걀	무	실파	
전분	당근	갓	
소금	양파	미나리	
흰후춧가루	실파	건대추	
생강	달걀	석이버섯	
진간장	잣	마늘	
흰설탕	대파	잣	
참기름	마늘	생굴	
식초	진간장	낙지다리	
식용유	흰설탕	고춧가루	
	깨소금	소금	
	참기름	생강	
	소금	새우젓	
	검은후춧가루		

어선

어선은 흰살생선으로 하며 주안상에 오르는 음식으로 6~7월 민어가 가장 맛이 있을 때 하면 좋다. 동태는 값도 싸고 담백하다.

어선

재료

- 동태(500-800g) 1마리
- 오이 1/3개
- 당근 50g
- 불린 표고버섯 2개
- 달걀 1개
- 생강즙 1T
- 소금 1t
- 전분 3T
- 식용유 2T
- 흰 후춧가루 약간

표고버섯 양념

- 진간장 1/2t
- 설탕 1/2t
- 참기름 1/2t

초간장

- 진간장 2t
- 설탕 1t
- 식초 2t

요구사항

1. 생선 살은 어슷하게 포를 떠서 사용하시오.
2. 돌려 깎은 오이, 당근, 표고버섯은 채 썰어 볶아 사용하고, 달걀은 황·백 지단 채로 사용하시오.
3. 속 재료가 중앙에 위치하도록 하여 지름은 3cm 정도, 두께는 2cm 정도로 6개를 만드시오.
4. 초간장을 곁들이시오.

만드는 법

1. 동태는 비늘과 지느러미, 머리, 내장을 제거한 후 깨끗이 씻어 3장 포를 뜬 후 껍질을 벗겨 면포에 싸서 수분을 제거한다.
2. 동태 살을 8cm 길이로 얇게 포를 떠서 생강즙, 소금, 흰 후춧가루로 밑간을 한다.
3. 오이는 돌려 깎아 5×0.3×0.3cm로 채 썰어 소금에 절여 수분을 제거한다.
4. 당근은 5×0.3×0.3cm로 채를 썬다.
5. 불린 표고버섯은 수분과 기둥을 제거하여 포를 떠서 가늘게 채 썰어 양념한다.
6. 달걀은 황·백 지단을 얇게 부쳐 식으면 5cm 길이로 채 썬다.
7. 달군 팬에 오이, 당근, 표고버섯 순으로 볶는다.
8. 김발에 젖은 면포를 깔고 생선 살이 겹치는 부분에 전분 묻힌 다음 전체적으로 전분을 뿌린다.
9. 생선 살에 속 재료를 섞지 않고 넣어 지름 3cm 정도로 김밥처럼 말아 김발 채로 김 오른 찜통에 넣어 중불에서 10분 정도 찐다.
10. 쪄진 어선은 식힌 후 면포를 벗겨 높이 2cm로 썰어 접시에 6개를 담고 초간장을 곁들인다.

조리 point

- 생선을 3장 포를 뜬 후 면포에 싸서 수분을 제거하여 포를 뜨면 생선이 덜 부서진다.
- 센 불에서 찌면 갈라진다.
- 생선을 김발 면포 위에 놓을 때 세로로 펴 놓는다.
- 뜨거울 때 썰면 부서지니 식혀서 썬다.

조리과정 어선

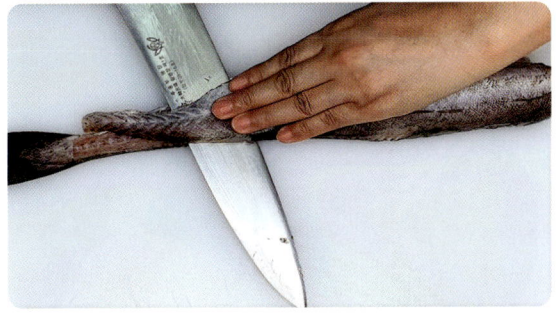
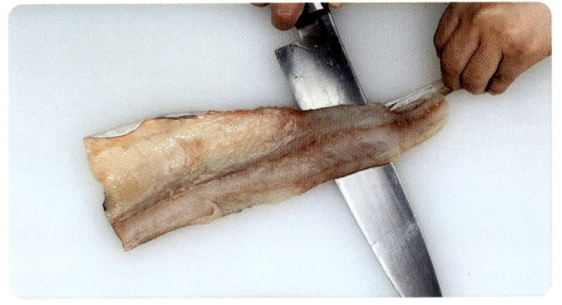

1. 동태는 비늘과 지느러미, 머리, 내장을 제거한 후 깨끗이 씻어 3장 포를 뜬 후 껍질을 벗겨 면포에 싸서 수분을 제거한다.

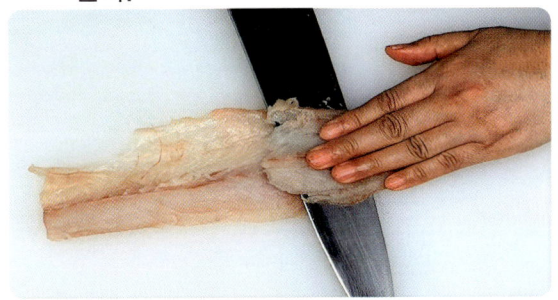
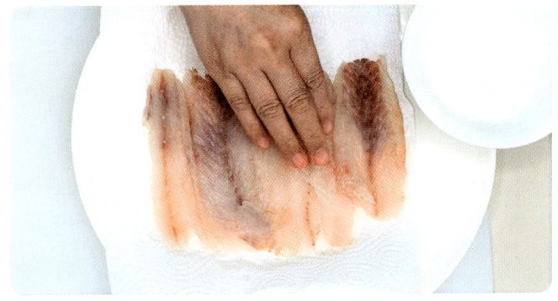

2. 동태 살을 8cm 길이로 얇게 포를 떠서 생강즙, 소금, 흰 후춧가루로 밑간을 한다.

3. 오이는 돌려 깎아 5×0.3×0.3cm로 채 썰어 소금에 절여 수분을 제거한다.

4. 당근은 5×0.3×0.3cm로 채를 썬다.

조리과정 어선

5 불린 표고버섯은 수분과 기둥을 제거하여 포를 떠서 가늘게 채 썰어 양념한다.

6 달걀은 황·백지단을 얇게 부쳐 식으면 5cm 길이로 채 썬다.

7 달군 팬에 오이, 당근, 표고버섯 순으로 볶는다.

8 김발에 젖은 면포를 깔고 생선살이 겹치는 부분에 전분 묻힌 다음 전체적으로 전분을 뿌린다.

조리과정 어선

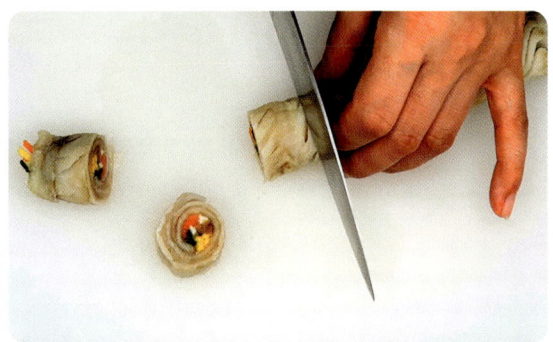

9 생선살에 속 재료를 섞지 않고 넣어 지름 3cm 정도로 김밥처럼 말아 김발 채로 김 오른 찜통에 넣어 중불에서 10분 정도 찐다.

10 쪄진 어선은 식힌 후 면포를 벗겨 높이 2cm로 썰어 접시에 6개를 담고 초간장을 곁들인다.

소고기전골

전골은 상고시대 군사들이 전시 때 머리에 쓰던 철모에 고기나 생선 같은 음식을 함께 끓여 먹으면서 여러 가지 재료를 넣은 데서 유래되었다고 한다.

소고기전골

재료

- 소고기(살코기) 70g
- 소고기(사태) 30g
- 숙주 50g
- 건표고버섯 3장
- 무 50g
- 당근 50g
- 양파 1/4개
- 실파(40g) 40g
- 달걀 1개
- 잣 10알
- 참기름 1/2t
- 소금 2t
- 진간장 1t

향채

- 대파 1토막
- 마늘 1/2쪽

소고기 양념장

- 진간장 1t
- 설탕, 다진 파 1/2t
- 다진 마늘 1/4t
- 후춧가루, 깨소금 약간
- 참기름 약간씩

요구사항

1. 소고기는 육수와 전골용으로 나누어 사용하시오.
2. 전골용 소고기는 0.5cm×0.5cm×5cm 정도 크기로 썰어 양념하여 사용하시오.
3. 양파는 0.5cm 정도 폭으로 실파는 5cm 정도 길이로, 나머지 채소는 0.5cm×0.5cm×5cm 정도 크기로 채 썰고, 숙주는 거두절미하여 데쳐서 양념하시오.
4. 모든 재료를 돌려 담아 소고기를 중앙에 놓고 육수를 부어 끓인 후 달걀을 올려 반숙이 되게 끓여 잣을 얹어 내시오.

만드는 법

1. 냄비에 물 4C, 소고기 사태, 대파, 마늘을 편 썰어 넣고 끓인 후 면포에 걸러 진간장, 소금으로 간하여 육수를 만든다.
2. 숙주는 거두절미하여 끓는 물에 데친 후 찬물에 헹궈 수분을 제거하고 소금, 참기름으로 무친다.
3. 불린 표고버섯은 수분과 기둥을 제거하고 포를 떠서 5×0.5×0.5cm 길이로 채 썬다.
4. 무, 당근, 양파는 5×0.5×0.5cm로 채 썬다.
5. 실파는 5cm 길이로 썬다.
6. 파, 마늘은 곱게 다져서 양념장을 만든다.
7. 소고기(살코기)는 키친타월에 핏물을 뺀 다음 5×0.5×0.5cm로 썰어 양념장에 무친다.
8. 전골냄비에 재료를 색스럽게 돌려 담고 중앙에 소고기를 올려 육수를 붓고 끓인다.
9. 소고기가 익으면 달걀을 깨서 가운데 넣어 반숙으로 익으면 잣을 얹는다.

조리 point

- 육수는 약한 불에서 오래 끓여야 맛있다.
- 재료를 썰어가면서 전골냄비에 담으면 조리 시간을 단축할 수 있다.
- 소고기는 핏물을 제거해야 전골 국물이 깨끗하다.

조리과정 소고기전골

1. 냄비에 물 4C, 소고기 사태, 대파, 마늘을 편 썰어 넣고 끓인 후 면포에 걸러 진 간장, 소금으로 간하여 육수를 만든다.

3. 불린 표고버섯은 수분과 기둥을 제거하고 포를 떠서 5×0.5×0.5cm 길이로 채 썬다.

2. 숙주는 거두절미하여 끓는 물에 데친 후 찬물에 헹궈 수분을 제거하고 소금, 참기름으로 무친다.

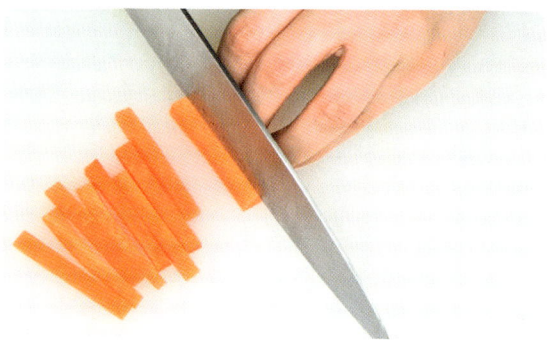

4. 무, 당근, 양파는 5×0.5×0.5cm로 채 썬다.

5. 실파는 5cm 길이로 썬다.

조리과정 소고기전골

6　파, 마늘은 곱게 다져서 양념장을 만든다.

7　소고기(살코기)는 키친타월에 핏물을 뺀 다음 5×0.5×0.5cm로 썰어 양념장에 무친다.

8　전골냄비에 재료를 색스럽게 돌려 담고 중앙에 소고기를 올려 육수를 붓고 끓인다.

9　소고기가 익으면 달걀을 깨서 가운데 넣어 반숙으로 익으면 잣을 얹는다.

보쌈김치

보쌈김치는 궁중에서 만들어 먹기 시작한 음식으로 일반 김치에 비해 귀하고 다양한 재료들을 활용한다. 그러므로 일반 가정집에서 먹기보다 궁궐이나 부유한 집안에서 즐겨 먹었다. 보시기에 배춧잎으로 깔고 하나씩 보자기처럼 싸서 개성에서는 원래 쌈김치라 한다. 맛과 영양이 풍부한 개성의 명물 김치로 '보김치'라고도 하며 부재료가 가장 많이 들어간 호화로운 김치다.

보쌈김치

재료

- 절인 배추(1/6포기) 4장
- 무 50g
- 배 1/8개
- 실파 10g
- 미나리 30g
- 갓 20g
- 쪽파 20g
- 밤 1개
- 낙지다리(50g) 1개
- 생굴 20g
- 소금

고명

- 석이버섯 약간
- 대추 1개
- 잣 5알

양념

- 고춧가루 2T
- 소금 약간
- 새우젓 2t
- 채 썬 마늘 2쪽
- 채 썬 생강 1/3쪽

요구사항

1. 김치 속 재료는 3cm 정도로 하고, 무·배추는 나박 썰기, 배·밤은 편 썰기 하시오.
2. 그릇 바닥을 배추로 덮은 후 내용물을 담아, 내용물이 보이도록 제출하시오.
3. 보쌈김치에 국물을 만들어 부으시오.
4. 석이버섯, 대추, 잣은 고명으로 얹으시오.

만드는 법

1. 무는 껍질을 벗겨 3×3×0.3cm 크기로 썰어 소금에 살짝 절인다.
2. 절인 배추는 물에 씻어서 물기를 제거하고 잎 부분은 보쌈용으로 자르고 줄기 부분은 3×3cm 크기로 썬다.
3. 배는 3×3×0.3cm 크기로 썬다.
4. 미나리, 갓, 쪽파는 3cm 길이로 썬다.
5. 밤은 껍질을 벗겨 0.3cm 두께로 둥글게 편 썬다.
6. 생굴은 소금물에 씻고, 낙지다리는 소금을 넣고 주물러 씻어 3cm 길이로 썰어 체에 받쳐 물기를 제거한다.
7. 마늘, 생강을 곱게 채 썰고 새우젓은 다져서 고춧가루 넣고 양념장을 만든다.
8. 석이버섯은 불려서 소금으로 비벼 안쪽의 이끼를 깨끗이 손질하고 가늘게 채 썬다.
9. 대추는 돌려 깎아 씨를 빼낸 후 곱게 채 썬다.
10. 무와 배추에 양념장을 넣어 고루 버무린 후 고명을 제외한 나머지 재료를 넣고 잘 버무린다.
11. 오목한 그릇에 배춧잎을 깔고 양념한 재료를 담아 배춧잎을 바깥쪽으로 보기 좋게 말아 준다.
12. 소를 버무린 볼에 물을 1/2C 넣고, 소금으로 간을 하여 김칫국물을 만든 후 보쌈김치가 반 정도 잠기도록 가장자리로 붓고 고명(대추채, 석이버섯채, 잣)을 얹는다.

조리 point

- 국물을 만들어 부을 때 양념이 씻기지 않도록 배춧잎 사이로 조심스럽게 붓는다.
- 절이지 않은 배추가 나오면 따뜻한 물에 소금을 많이 넣고 절인다.

조리과정 보쌈김치

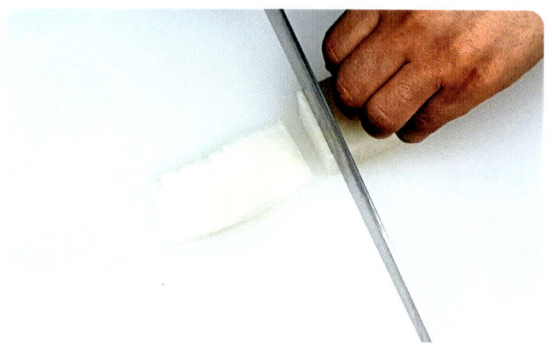

1 무는 껍질을 벗겨 3×3×0.3cm 크기로 썰어 소금에 살짝 절인다.

2 절인 배추는 물에 씻어서 물기를 제거하고 잎 부분은 보쌈용으로 자르고 줄기 부분은 3×3cm 크기로 썬다.

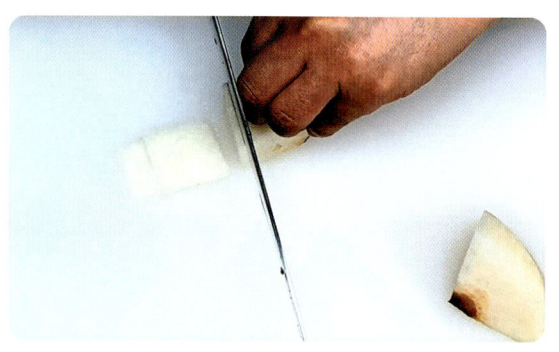

3 배는 3×3×0.3cm 크기로 썬다.

4 미나리, 갓, 쪽파는 3cm 길이로 썬다.

5 밤은 껍질을 벗겨 0.3cm 두께로 둥글게 편 썬다.

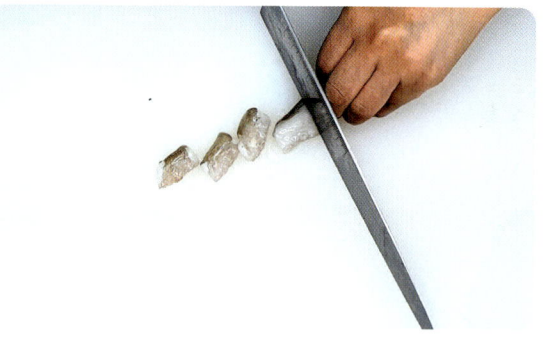

6 생굴은 소금물에 씻고, 낙지다리는 소금을 넣고 주물러 씻어 3cm 길이로 썰어 체에 밭쳐 물기를 제거한다.

조리과정 보쌈김치

7 마늘, 생강을 곱게 채 썰고 새우젓은 다져서 고춧가루 넣고 양념장을 만든다.

8 석이버섯은 불려서 소금으로 비벼 안쪽의 이끼를 깨끗이 손질하고 가늘게 채 썬다.

9 대추는 돌려 깎아 씨를 빼낸 후 곱게 채 썬다.

10 무와 배추에 양념장을 넣어 고루 버무린 후 고명을 제외한 나머지 재료를 넣고 잘 버무린다.

조리과정 보쌈김치

11 오목한 그릇에 배춧잎을 깔고 양념한 재료를 담아 배춧잎을 바깥쪽으로 보기 좋게 말아 준다.

12 소를 버무린 볼에 물을 1/2C 넣고, 소금으로 간을 하여 김칫국물을 만든 후 보쌈김치가 반 정도 잠기도록 가장자리로 붓고 고명(대추채, 석이버섯채, 잣)을 얹는다.

섭산삼

충청북도 음성군에서 더덕으로 만드는 향토 음식이다. 방망이로 두들겨 소금물에 담가 쓴맛을 뺀 더덕을 찹쌀가루를 묻혀 식용유에 튀긴 것으로 꿀을 곁들인다. 섭산삼의 '섭'은 두들긴다는 의미로, 더덕을 두들겨서 음식을 만들면 산삼만큼 좋다는 뜻으로 이름이 붙여졌다. 더덕의 쌉쌀한 맛이 식욕을 북돋운다. 술안주와 폐백 음식, 이바지 음식 등으로 많이 만들었다.

섭산삼

재료

- 통더덕(중간크기) 4개
- 찹쌀가루 50g
- 소금 1t
- 식용유 3C

요구사항

1. 더덕은 끊어지지 않게 잘 펴시오.
2. 찹쌀가루를 골고루 묻혀 바삭하게 튀겨 전량 제출하시오.

만드는 법

1. 더덕은 깨끗이 씻어 돌려가며 껍질을 벗겨 길이로 반으로 가른다.
2. 소금물에 담가 쓴맛을 우려낸다.
3. 더덕은 물기를 제거하여 방망이로 두드리거나 밀대로 밀어서 더덕이 부서지지 않도록 편다.
4. 찹쌀가루는 체에 내려 더덕에 골고루 두껍게 묻힌다.
5. 160℃의 식용유에 더덕을 넣고 하얗고, 바싹하게 튀긴 후 키친타월에 기름을 제거한다.
6. 튀긴 더덕을 완성 접시에 담아낸다.

조리 point

- 더덕은 제출 직전 튀겨야 바싹하게 제출할 수 있다.
- 더덕이 굵으면 반으로 가른 다음 안쪽에 칼집을 넣어 주면 방망이로 밀 때 부서지지 않고 겉면이 매끈하게 된다.

조리과정 섭산삼

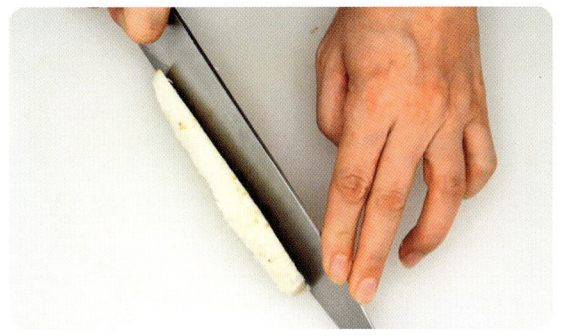

1 더덕은 깨끗이 씻어 돌려가며 껍질을 벗겨 길이로 반으로 가른다.

2 소금물에 담가 쓴맛을 우려낸다.

3 더덕은 물기를 제거하여 방망이로 두드리거나 밀대로 밀어서 더덕이 부서지지 않도록 편다.

4 찹쌀가루는 체에 내려 더덕에 골고루 두껍게 묻힌다.

조리과정 섭산삼

5. 160℃의 식용유에 더덕을 넣고 하얗고, 바싹하게 튀긴 후 키친타월에 기름을 제거한다.

6. 튀긴 더덕을 완성 접시에 담아낸다.

8형 총재료목록

오징어순대, 우엉잡채, 제육구이, 매작과

시험시간 2시간

| 오징어순대 | 우엉잡채 | 제육구이 | 매 작 과 |

구 분	재 료 명	규 격	단위	수량	비 고
1	오징어	250g 정도	마리	1	
2	찹쌀	불린 것	g	40	
3	숙주	생것	g	40	
4	달걀		개	1	
5	두부		g	30	
6	돼지고기	등심 또는 볼깃살	g	150	
7	우엉		g	120	
8	소고기	우둔	g	50	
9	건표고버섯	불린 것	장	2	
10	당근		g	50	
11	밀가루	중력분	g	110	
12	풋고추		개	1	
13	홍고추		개	1	
14	양파		개	1/4	
15	잣		g	5	
16	산적꼬지	10cm 정도	개	2	
17	물엿		g	50	
18	통깨		g	10	
19	대파	흰부분(4cm 정도)	토막	2	
20	마늘		쪽	3	
21	생강		g	50	
22	진간장		mL	30	
23	흰설탕		g	60	
24	소금		g	20	
25	깨소금		g	10	
26	참기름		mL	20	
27	고추장		g	40	
28	검은후춧가루		g	3	
29	식용유		mL	150	

8형 과제별 재료목록

A. 오징어순대	B. 우엉잡채	C. 제육구이	D. 매작과
오징어	우엉	돼지고기	밀가루
찹쌀	소고기	고추장	생강
숙주	건표고버섯	진간장	잣
달걀	풋고추	대파	식용유
두부	홍고추	마늘	소금
밀가루	당근	검은후춧가루	흰설탕
풋고추	물엿	흰설탕	
홍고추	양파	깨소금	
양파	진간장	참기름	
대파	대파	생강	
마늘	마늘	식용유	
흰설탕	검은후춧가루		
검은후춧가루	통깨		
깨소금	참기름		
참기름	흰설탕		
소금	식용유		
산적꼬지			

오징어순대

오징어순대는 작은 오징어를 선택하여 그 몸통에 다리를 비롯한 여러 가지 재료를 채워 쪄낸 일종의 순대와 비슷한 강원도의 대표적인 토속음식으로 손꼽힌다.

오징어는 가을이 가장 맛있는 시기로 타우린이 많아 피로 회복에 좋다.

오징어순대

재료

- 오징어(250g)   1마리
- 찹쌀   40g
- 숙주   40g
- 양파   1/8개
- 두부   30g
- 풋고추   1/3개
- 홍고추   1/3개
- 달걀   1개
- 꼬치   2개
- 밀가루   40g

소양념

- 소금   약간
- 설탕   약간
- 다진 파   1T
- 다진 마늘   1/2T
- 후춧가루   약간
- 깨소금   1/3T
- 참기름   1/2T

요구사항

1. 소는 오징어 다리, 찐 찰밥, 두부, 숙주, 양파, 풋고추, 홍고추를 양념하여 사용하시오.
2. 양파, 숙주, 풋고추, 홍고추는 가로, 세로 0.3cm 정도로 다져서 사용하고, 두부는 으깨어 물기를 제거하여 사용하시오.
3. 오징어순대는 폭 1cm로 썰어 전량 제출하시오.

만드는 법

1. 찹쌀을 씻어서 불려 수분을 뺀 다음 찜통에 젖은 면포를 깔고 15분 정도 찐다.
2. 오징어는 배를 가르지 않고 내장을 제거하고 몸통과 다리를 분리하여 물기를 닦아내고 다리는 곱게 다진다.
3. 숙주는 끓는 물에 데쳐서 헹군 다음 0.3cm로 다져서 수분을 제거한다.
4. 양파는 0.3×0.3cm로 다져서 소금에 절여 수분을 제거한다.
5. 두부는 면포로 물기를 꼭 짠 다음 칼등으로 곱게 으깬다.
6. 풋고추, 홍고추는 0.3×0.3cm로 다진다.
7. 볼에 다진 오징어 다리와 모든 재료를 넣고 달걀로 농도를 조절하면서 양념을 넣어 소를 만든다.
8. 오징어 몸통 속에 밀가루를 뿌려 여분의 밀가루는 털어내고 소를 70~80% 정도 채운 다음 꼬치로 입구를 막아준다.
9. 몸통 전체에 꼬치로 바늘 침을 주고 김이 오른 찜통에 넣어 중불에서 15분 정도 찐다.
10. 오징어순대는 식으면 1cm 넓이로 썰어서 접시에 담아낸다.

조리 point

- 몸통 전체에 바늘 침을 줘야 익으면서 오징어 속에서 생기는 수분이 밖으로 빠져나와 속의 내용물이 단단해지고, 분리되지 않는다.

조리과정 오징어순대

1 찹쌀을 씻어서 불려 수분을 뺀 다음 찜통에 젖은 면포를 깔고 15분 정도 찐다.

4 양파는 0.3×0.3cm로 다져서 소금에 절여 수분을 제거한다.

2 오징어는 배를 가르지 않고 내장을 제거하고 몸통과 다리를 분리하여 물기를 닦아내고 다리는 곱게 다진다.

5 두부는 면포로 물기를 꼭 짠 다음 칼등으로 곱게 으깬다.

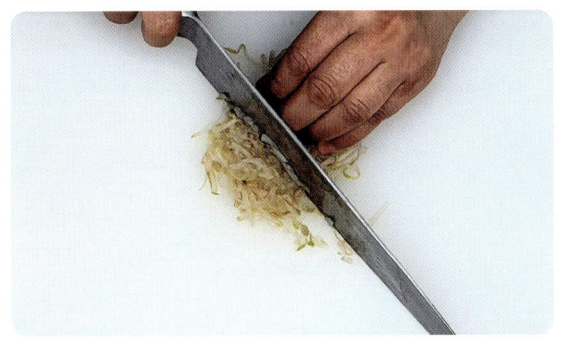

3 숙주는 끓는 물에 데쳐서 헹군 다음 0.3cm로 다져서 수분을 제거한다.

6 풋고추, 홍고추는 0.3×0.3cm로 다진다.

조리과정 오징어순대

7. 볼에 다진 오징어 다리와 모든 재료를 넣고 달걀로 농도를 조절하면서 양념을 넣어 소를 만든다.

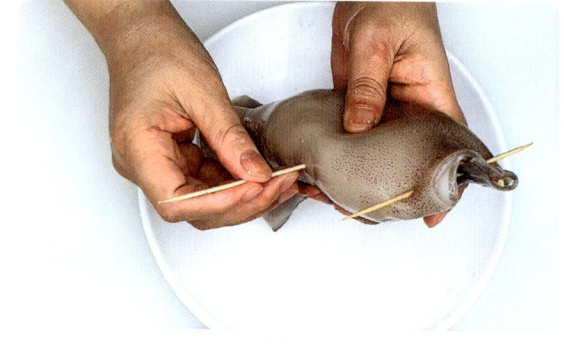

9. 몸통 전체에 꼬치로 바늘 침을 주고 김이 오른 찜통에 넣어 중불에서 15분 정도 찐다.

8. 오징어 몸통 속에 밀가루를 뿌려 여분의 밀가루는 털어내고 소를 70~80% 정도 채운 다음 꼬치로 입구를 막아준다.

조리과정 오징어순대

10 오징어순대는 식으면 1cm 넓이로 썰어서 접시에 담아낸다.

우엉잡채

우엉에는 당질의 일종인 이눌린이 풍부해 신장 기능을 높여주고 풍부한 섬유소가 배변을 촉진한다. 우엉잡채는 다양한 채소와 우엉이 만들어내는 다채로운 식감이 일품이다.

우엉잡채

재료

- 우엉 120g
- 양파 1/8개
- 풋고추 2/3개
- 홍고추 2/3개
- 표고버섯 2개
- 당근 50g
- 소고기 50g
- 소금 약간
- 참기름 약간
- 식용유 2T

소고기, 표고버섯 양념장

- 진간장 1T
- 설탕 1t
- 다진 파 1/2T
- 다진 마늘 1t
- 검은 후춧가루 약간
- 깨소금 1t
- 참기름 1t

우엉 조림장

- 진간장 1T
- 설탕 1t
- 물엿 2T
- 물 1/2C

무침 양념장

- 깨소금
- 참기름

요구사항

1. 재료는 0.2cm×0.2cm×6cm 정도 크기로 채 썰어 사용하시오.
2. 우엉은 조림장으로 조려 사용하시오.
3. 각각 볶아진 재료를 고르게 무쳐 담아내시오.

만드는 법

1. 우엉은 칼등으로 껍질을 벗겨 6×0.2×0.2cm로 어슷하게 채 썰어 물에 담근다.
2. 팬에 식용유를 두르고 우엉을 볶다가 조림장을 넣어 물기가 없을 때까지 조린 후 참기름을 넣고 불을 끈다.
3. 양파 6×0.2×0.2cm로 채 썰어 놓는다.
4. 풋고추, 홍고추 반 갈라 씨를 제거하여 6×0.2×0.2cm로 채 썰어 놓는다.
5. 당근 6×0.2×0.2cm로 채 썰어 놓는다.
6. 파, 마늘 곱게 다져 양념장을 만든다.
7. 표고버섯은 불려서 수분과 기둥을 제거하고 포를 떠 6×0.2×0.2cm로 채 썬 후 양념장에 무친다.
8. 소고기 핏물을 제거하여 6×0.2×0.2cm로 채 썬 후 양념장에 무친다.
9. 팬을 달군 다음 식용유를 넣고 양파, 당근, 홍고추, 풋고추 순으로 소금을 넣어 가면서 각각 볶는다.
10. 팬을 달군 다음 소고기, 표고버섯을 각각 볶는다.
11. 볼에 모든 재료를 넣고 참기름, 깨소금을 넣어 무쳐 완성 그릇에 담는다.

조리 point
- 우엉을 어슷하게 썰면 식감이 부드럽다.

조리과정 우엉잡채

1 우엉은 칼등으로 껍질을 벗겨 6×0.2×0.2cm로 어슷하게 채 썰어 물에 담근다.

3 양파는 6×0.2×0.2cm로 채 썰어 놓는다.

4 풋고추, 홍고추 반 갈라 씨를 제거하여 6×0.2×0.2cm로 채 썰어 놓는다.

2 팬에 식용유를 두르고 우엉을 볶다가 조림장을 넣어 물기가 없을 때까지 조린 후 참기름을 넣고 불을 끈다.

5 당근은 6×0.2×0.2cm로 채 썰어 놓는다.

조리과정 우엉잡채

6 파, 마늘 곱게 다져 양념장을 만든다.

9 팬을 달군 다음 식용유를 넣고 양파, 당근, 홍고추, 풋고추 순으로 소금을 넣어 가면서 각각 볶는다.

7 표고버섯은 불려서 수분과 기둥을 제거하고 포를 떠 6×0.2×0.2cm로 채 썬 후 양념장에 무친다.

8 소고기는 핏물을 제거하여 6×0.2×0.2cm로 채 썬 후 양념장에 무친다.

10 팬을 달군 다음 소고기, 표고버섯을 각각 볶는다.

조리과정 우엉잡채

11 볼에 모든 재료를 넣고 참기름, 깨소금을 넣어 무쳐 완성 그릇에 담는다.

제육구이

돼지고기는 단백질, 지방, 비타민 A, 비타민 B, 칼슘, 인 등이 풍부한 영양식이다. 섬유가 가늘고 연해서 단백질, 지방질의 소화율이 모두 95% 이상에 이른다. 지방이 많고, 특유의 냄새 때문에 싫어하는 사람도 있지만 조리법만 잘 개발하면 값도 싸면서 좋은 영양 공급원이 될 수 있다.

제육구이

재료

- 돼지고기　　　150g
  (구이용, 덩어리로)
- 식용유　　　　1T

고기양념장

- 고추장　　　　2T
- 간장　　　　　1t
- 설탕　　　　　1t
- 참기름　　　　1t
- 깨소금　　　　1t
- 다진 파　　　 2t
- 마늘　　　　　1t
- 검은 후춧가루　약간
- 다진 생강　　　약간

요구사항

1. 완성된 제육구이의 두께는 0.4cm×4cm×5cm 정도 크기로 8쪽 만드시오.
2. 고추장 양념으로 하여 석쇠에 구우시오.

만드는 법

1. 돼지고기는 핏물, 기름, 힘줄을 제거하고 결 반대로 4.5×5.5×0.4cm로(완성했을 때 4×5×0.4cm) 썰어 칼등으로 두드려 부드럽게 한다.
2. 파, 마늘, 생강은 곱게 다져 양념장을 만든다.
3. 돼지고기에 양념장을 골고루 발라 포개어 재워둔다.
4. 석쇠를 달궈서 기름을 바르고 양념한 돼지고기를 0.3cm 정도로 겹치게 얹은 후 구워낸다.
5. 그릇에 제육구이를 8쪽 담아낸다.

조리 point

- 고추장 양념을 많이 발라 구울 경우 고기가 익지 않고 양념장만 타므로 얇게 발라 재운 후 덧발라가며 구워준다.
- 돼지고기는 구우면 수축이 되므로 썰 때 크기를 고려한다.

조리과정 제육구이

1. 돼지고기는 핏물, 기름, 힘줄을 제거하고 결 반대로 4.5×5.5×0.4cm로 (완성했을 때 4×5×0.4cm) 썰어 칼등으로 두드려 부드럽게 한다.

3. 돼지고기에 양념장을 골고루 발라 포개어 재워둔다.

4. 석쇠를 달궈서 기름을 바르고 양념한 돼지고기를 0.3cm 정도로 겹치게 얹은 후 구워낸다.

  tip 겹치게 구우면 가장자리가 타는 것을 줄일 수 있다.

2. 파, 마늘, 생강은 곱게 다져 양념장을 만든다.

5. 그릇에 제육구이를 8쪽 담아낸다.

매작과

그 모양이 '마치 매화나무에 참새가 앉은 모습과 같다'하여 한자로 매화 梅, 참새 雀을 써서 매작과라고 했다 어린이들 간식용이나 손님 접대용의 다과상으로 많이 사용한다. 기름에 튀겨 바삭바삭하고 고소할 뿐만 아니라 생강과 계피 맛이 어우러져 풍미가 좋으며, 또한 밀가루에 여러 가지 천연 재료를 섞어 다양한 색상과 모양의 매작과로 응용 가능하다.

매작과

재료

- 밀가루 70g
- 생강 20g
- 잣 5g
- 소금 약간
- 식용유 3C

설탕 시럽

- 설탕 4T
- 물 4T

요구사항

1. 매작과 완성품의 크기는 5cm×2cm×0.3cm 정도로 균일하게 만드시오.
2. 매작과 모양은 중앙에 세 군데 칼집을 넣으시오.
3. 시럽을 사용하고 잣가루를 뿌려 10개를 제출하시오.

만드는 법

1. 생강은 손질 후 다지거나 강판에 갈아 물 4T를 넣어 면포에 내려 생강즙을 만든다.
2. 밀가루는 체에 내려 1T 남기고 소금과 생강즙을 넣어 반죽한 후 비닐봉지에 넣어 숙성시킨다.
3. 잣은 고깔을 떼고 종이 위에 놓고 칼등으로 눌러 칼날로 곱게 다진다.
4. 냄비에 물 4T와 설탕 4T를 넣어 젓지 말고 중불에서 끓여 반 정도 되게 조려 시럽을 만든다.
5. 반죽을 0.3cm 두께로 얇게 밀어 길이 5cm, 가로 2cm로 자른 다음 세 군데 칼집을 넣는다.
6. 가운데로 한번 뒤집어 모양을 만든다.
7. 매작과를 120℃ 기름에 넣어 튀기다 단단해지면 170℃ 온도에서 노릇하게 튀겨 키친타월에 올려 기름을 제거한다.
8. 튀겨낸 매작과를 시럽을 살짝 무친다.
9. 완성 그릇에 담고 그 위에 잣가루를 고명으로 얹는다.

조리 point

- 반죽이 얇아야 맛있게 만들어진다(두께에 따라 맛이 다르다).
- 처음은 낮은 온도에서 단단해지면 높은 온도에서 색을 내고 조금 원하는 색보다 연할 때 불을 끄고 건져낸다.
- 매작과를 만들어 튀기기 전에 살짝 눌러 주고 튀기면 벌어지지 않아 예쁘게 튀겨진다.

조리과정 매작과

1. 생강은 손질 후 다지거나 강판에 갈아 물 4T를 넣어 면포에 내려 생강즙을 만든다.

2. 밀가루는 체에 내려 1T 남기고 소금과 생강즙을 넣어 반죽한 후 비닐봉지에 넣어 숙성시킨다.

tip 매작과 반죽이 질면 튀겼을 때 부풀어 오르기 때문에 되직하게 반죽한다.

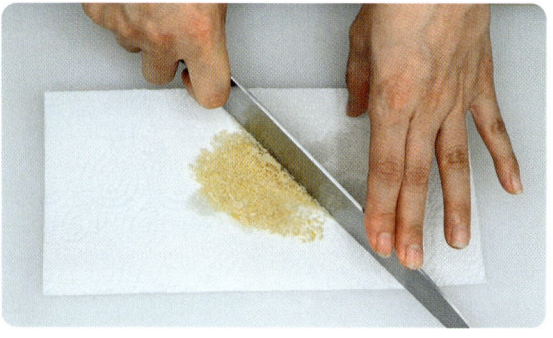

3. 잣은 고깔을 떼고 종이 위에 놓고 칼등으로 눌러 칼날로 곱게 다진다.

4. 냄비에 물 4T와 설탕 4T를 넣어 젓지 말고 중불에서 끓여 반 정도 되게 조려 시럽을 만든다.

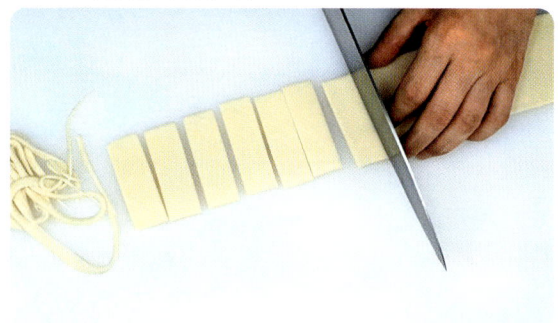

5. 반죽을 0.3cm 두께로 얇게 밀어 길이 5cm, 가로 2cm로 자른 다음 세 군데 칼집을 넣는다.

조리과정 매작과

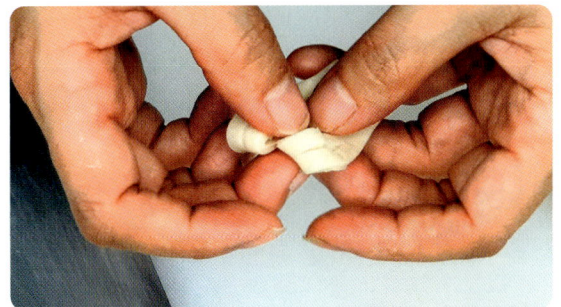

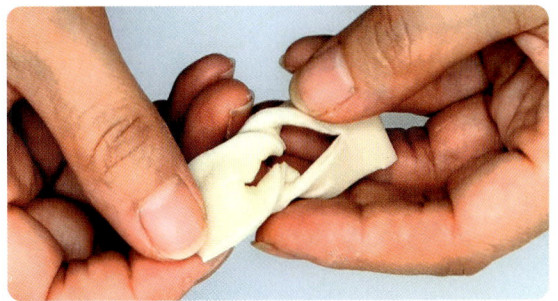

6 가운데로 한번 뒤집어 모양을 만든다.

8 튀겨낸 매작과에 시럽을 살짝 묻힌다.

7 매작과를 120℃ 기름에 넣어 튀기다 단단해지면 170℃ 온도에서 노릇하게 튀겨 키친타월에 올려 기름을 제거한다.

9 완성 그릇에 담고 그 위에 잣가루를 고명으로 얹는다.

한식조리산업기사 레시피 요점정리

비빔국수

오이 5×0.3×0.3cm로 채 썰어 소금에 절이기 → 소고기, 표고버섯 5×0.3×0.3cm로 채 썰어 양념하기 → 석이버섯 손질 후 곱게 채 썰어 소금, 참기름 양념하기 → 실고추 1~2cm로 썰기 → 황·백 지단 부쳐서 5×0.2×0.2cm로 채썰기 → 팬에 오이, 석이버섯, 표고버섯, 소고기 순으로 볶기 → 국수 삶아 찬물 헹궈 양념하기 → 국수에 오이, 소고기, 표고버섯 넣고 무쳐 완성 그릇에 담기 → 황·백지단, 석이버섯, 실고추 고명 얹기

소고기, 표고버섯 양념 : 진간장 2t, 설탕 1/2t, 다진 파 1t, 다진 마늘 1/2t, 후춧가루 약간, 깨소금 1/4t, 참기름 1t

소면 양념장 : 진간장 1/2T, 설탕 1/2T, 참기름 1/2T

두부전골

소고기(사태)는 육수 끓여 국간장, 소금 간하기 → 무, 당근은 5×1.2×0.5cm로 썰어 데치기 → 숙주 거두절미하여 데쳐서 소금, 참기름에 무치기 → 미나리 데쳐서 훑어 공기 빼기 → 표고버섯 5×1.2×0.5cm로 썰기 → 양파 5×1.2cm로 썰고 실파 5cm 길이로 썰기 → 두부는 3×2.5×0.5cm로 썰어 전분 묻혀 지지기 → 소고기 곱게 다져 양념하여 두부 사이에 넣어 미나리로 묶어 두부 샌드 7개 만들기 → 나머지 소고기는 지름 1.5cm 크기 완자 5개 만들어 밀가루, 달걀물 묻혀 팬에 굴려가며 익히기 → 황·백 지단 부쳐 5×1.2×0.5cm로 썰기 → 전골 냄비에 준비한 재료 돌려 담고 중간에 두부, 중앙에 완자 넣어 육수 부어 끓이기

다진 소고기 양념 : 소금 약간, 다진 파 1/2t, 다진 마늘 1/3t, 후춧가루 약간, 깨소금 약간, 참기름 1/3t

오이선

오이 씻어 길이로 반 갈라 1cm 간격으로 3번 어슷하게 칼집 넣어 4cm 길이로 어슷하게 썰어 절이기 → 소고기, 표고버섯 3×0.2×0.2cm 채 썰어 양념하기 → 황·백 지단 부쳐 3cm 길이로 채썰기 → 오이, 소고기, 표고버섯 순서로 볶기 → 오이 칼집 사이에 황 지단, 소고기와 표고버섯 채 섞은 것, 백 지단 순으로 끼우기 → 단촛물 만들기 → 오이선 완성 그릇에 담고 단촛물 끼얹기

소고기, 표고버섯 양념장 : 진간장 1t, 설탕 1/4t, 다진 파 1/2t, 다진 마늘 1/4t, 후춧가루 약간, 깨소금 약간, 참기름 1/2t

단촛물 : 설탕 1T, 식초 1T, 물 1/2T, 소금 약간

어채

대구 살 3×4×0.5cm 크기로 6개 포 떠서 밑간하기 → 오이(껍질 부분), 표고버섯, 홍고추 4×2×0.4cm 크기로 썰기(각각 3개 이상) → 황·백 지단 부쳐 4×2cm로 썰기 → 오이, 표고버섯, 홍고추, 손질한 생선 살에 전분을 묻혀 끓는 물에 데쳐 찬물에 헹구기를 2~3회 반복하기 → 접시 중앙에 생선을 담고 나머지 재료 돌려 담기 → 초고추장 곁들이기

생선 밑간 : 생강즙 1/2t, 청주 1T, 소금, 흰 후춧가루 약간씩

초고추장 : 고추장 2t, 설탕 1t, 식초 2t

칼국수

멸치 손질해 향채 넣고 끓여 면포에 밭쳐 국간장, 소금 간하기 → 밀가루 덧가루 남기고 반죽해 숙성하기 → 호박 돌려 깎아 5×0.3×0.3cm로 채 썰어 절이기 → 표고버섯 5×0.3×0.3cm로 채 썰어 간장, 참기름, 설탕 넣어 양념하기 → 팬에 호박, 표고 순서로 볶기 → 반죽은 0.1cm 두께로 밀어 덧가루 뿌려 접어 폭 0.2cm로 썰어 펼쳐 놓기 → 멸치 육수 끓으면 국수에 덧가루 털어내고 넣어 끓이기 → 칼국수 완성 그릇에 국물과 칼국수 2:1 비율로 담기 → 표고버섯, 애호박, 실고추 고명 얹기

육수 : 멸치 장국용(대) 20g, 마늘 1/2쪽, 대파 1/2토막, 소금 1/2t, 국간장 약간

구절판

밀가루와 물을 동량으로 풀어서 체에 내려 숙성하기 → 오이, 당근 5×0.2×0.2cm로 채 썰어 소금에 절이기 → 소고기, 표고버섯 5×0.2×0.2cm로 채 썰어 양념하기 → 석이버섯 채 썰어 소금, 참기름 양념하기 → 숙주 거두절미하여 데쳐 소금, 참기름 양념하기 → 황·백 지단 부쳐 5×0.2cm로 썰기 → 밀전병 6cm로 7개 부치기 → 팬에 오이, 당근, 석이버섯, 표고버섯, 소고기 순서로 볶기 → 밀전병은 접시 중앙에 놓고 사이에 비늘 잣 넣어 담기 → 볶은 재료 보기 좋게 돌려 담기

밀전병 : 밀가루 1/2C, 물 1/2C, 소금 약간

소고기, 표고버섯 양념장 : 진간장 1T, 설탕 1/2T, 다진 파 2t, 다진 마늘 1t, 후춧가루 약간, 깨소금 1/2t, 참기름 1t

고명 : 잣 (비늘 잣)

사슬적

대구 살은 껍질 벗겨 8×1.2×0.6cm로 6개 썰어 밑간하기 → 소고기 다지고 두부 으깨서 수분 제거하고 양념하여 7×1.2×0.6cm 크기로 4개 만들기 → 꼬치에 생선—고기—생선—고기—생선 순으로 끼워 2꼬치 만들기 → 뒷면에 밀가루 묻혀 팬에 지지기 → 잣 다지기 → 꼬치를 빼고 잣가루 고명 올리기

생선 밑간 : 소금, 후춧가루, 생강즙 약간

소고기, 두부 양념 : 소금 약간, 다진 파 1t, 다진 마늘 1/2t, 후춧가루 약간, 깨소금 약간, 참기름 1/2t

고명 : 잣가루

도라지정과

통 도라지 껍질 벗겨 5×1×0.6cm로 썰기 → 끓는 물에 도라지 살짝 데치기 → 데친 도라지에 물 1.5c 설탕 4T, 소금을 넣어 센 불에서 끓으면 약한 불에 조리기 → 설탕물이 거의 졸아들면 물엿 넣고 투명하게 조리기 → 굵은 체에 밭쳐 시럽 빼고 담기

조림 시럽 : 물 1.5컵, 설탕 4T, 소금 약간, 물엿 4T

편수

만두피 반죽해 숙성하기 → 소고기 향채 넣고 육수 끓여 국간장, 소금으로 간하여 식히기 → 숙주 데쳐 썰기 → 애호박 돌려 깎아 채 썰어 절이기 → 소고기 다지고 표고버섯 채 썰어 양념하기 → 팬에 애호박, 표고, 소고기 순으로 각각 볶아 소 만들기 → 만두피 밀어 정사각형 8×8cm로 5장 만들기 → 만두피에 소, 잣 1알씩 넣어 네모지게 빚기 → 김 오른 찜 솥에 7~8분 정도 찌기 → 완성 그릇에 편수 담고 찬 육수 부어 내기

소고기, 표고버섯 양념 : 진간장 2t, 설탕 1t, 다진 파 1t, 다진 마늘 1/2t, 후춧가루 약간, 깨소금 1/4t, 참기름 1t

오이소박이 · 고추소박이

오이 손질해 6cm 길이로 3토막 잘라 양쪽 끝 1cm 남기고 칼집을 십자로 넣기 → 풋고추 꼭지 부분 1cm 남기고 길이로 칼집 넣어 씨 제거하기 → 소금물에 오이, 풋고추 절이기 → 무 2cm로 채썰기 → 부추 1/2은 0.5cm로 송송 썰고 1/2은 2cm 길이로 썰기 → 쪽파 푸른 부분은 2cm 길이로 썰고 흰 부분 2cm로 채썰기 → 무채, 부추(2cm) 마늘, 생강 채, 쪽파 넣고 액젓, 소금으로 간하여 풋고추 속에 넣고 잣 2~3개씩 넣어 담아 국물 붓기 → 송송 썬 부추에 고춧가루, 멸치액젓, 대파, 마늘, 생강 다져서 넣고 소금 간하기 → 오이 칼집 사이에 소 집어넣기 → 버무린 그릇에 물 2T와 소금 넣어 국물 만들어 오이소박이에 촉촉하게 붓기

오이소박이 소 양념 : 고춧가루 1T, 멸치액젓 2t, 소금 약간, 다진 파 1t, 마늘 1/2t, 다진 생강 약간

고추소박이 소 양념 : 마늘, 생강, 멸치 액젓, 소금

돼지갈비찜

돼지갈비 5cm 정도 썰어 칼집 낸 후 찬물에 담가 핏물 제거 → 감자, 당근 사방 3cm 썰어 모서리 다듬기 → 양파 3×3cm로 썰기 → 홍고추 어슷하게 썰어 씨 제거 → 파, 마늘, 생강 곱게 다져서 양념장 만들기 → 끓는 물에 돼지갈비 데치기 → 돼지갈비에 양념장 1/2 넣고 볶기 → 물 1C, 당근, 감자 넣고 끓이기 → 나머지 양념 넣고 당근, 감자 익으면 양파, 홍고추 넣고 센 불에서 저어가며 윤기 나게 조리기 → 완성 그릇에 돼지갈비 담기

소고기, 표고버섯 양념장 : 진간장 2T, 설탕 1T, 다진 파 2t, 다진 마늘 1t, 다진 생강 1/4 t, 후춧가루 약간, 깨소금 1/2t, 참기름 1T

율란 · 조란

껍질 있는 밤을 푹 삶아 반 갈라 속을 파내 뜨거울 때 체에 내리기 → 밤 고물에 계핏가루 넣고 꿀로 농도 맞춰 고루 섞은 후 꼭꼭 뭉쳐 반죽 만들기 → 잣가루 만들기 → 밤 모양으로 만들어 밑동에 잣가루 묻혀 완성하기

대추 찜통에 면포 깔고 5분간 쪄서 씨 발라내기 → 대추 살만 곱게 다져 꿀 1T, 계핏가루 넣고 약한 불에 조려 식혀 대추 모양으로 만들기 → 꼭지 부분에 통잣이 반쯤 나오게 박아 담기

만둣국

밀가루 덧가루 남기고 반죽해 숙성하기 → 숙주 데쳐서 다지기→ 냄비에 물 3컵 붓고 소고기20g, 파, 마늘 넣고 육수 끓여 면포에 걸러 국 간장, 소금으로 간하기 → 소고기 40g 곱게 다지고, 두부 으깨고, 김치 다지기 → 재료 수분 제거 후 양념하여 소 만들기 → 미나리 초대, 황·백 지단 부쳐 마름모꼴로 2개씩 썰어 고명 만들기 → 만두피 지름 8cm로 밀어 만두 5개 빚기 → 끓는 육수에 만두 넣고 익히기 → 그릇에 담고 황·백 지단과 미나리 초대 고명 얹기

고명 : 황·백 지단, 미나리 초대

밀쌈

밀가루, 물동량으로 반죽하여 체에 내려 숙성하기 → 오이, 당근 4×0.2×0.2cm로 채 썰어 소금에 절이기 → 죽순 4×0.2×0.2cm로 채 썰어 데치기 → 표고, 소고기 4×0.2×0.2cm로 채 썰어 양념하기 → 황·백 지단 부쳐 4×0.2×0.2cm로 부쳐 채썰기 → 밀전병 15×20cm 크기로 2장 부치기 → 팬에 오이, 죽순, 당근, 표고버섯, 소고기 순으로 볶기 → 김발 위에 밀전병 펴놓고 준비한 재료 놓고 지름 2cm로 단단하게 말기 → 지름 2cm, 길이 4cm로 8개 썰기→초간장 곁들이기

밀전병 : 밀가루2/3C, 물2/3C, 소금 1/2t, 식용유

소고기, 표고버섯 양념 : 진간장 2t, 설탕 1t, 다진 파 1t, 다진 마늘 1/2t, 후춧가루 약간, 깨소금 1/4t, 참기름 1t

초간장 : 진간장 1T, 설탕 1t, 식초 1/2T

두부선

닭살 다지고 두부 수분 제거 후 으깨서 양념해 치대기 → 고명으로 표고버섯, 석이버섯 2×0.2cm로 썰기 → 황·백 지단 부쳐 2×0.2cm로 썰기 → 비늘 잣 준비하기 → 젖은 면포 위에 두부, 닭살 양념한 것 12×12×1cm로 네모 반대기 만들어 위에 고명 올리고 찜 솥에 10분 찌기 → 한 김 식힌 후 3×3cm 크기로 썰어 접시에 9개 담아내기 → 겨자장 만들어 곁들이기

두부, 닭고기 양념 : 소금 1/3t, 다진 파 1t, 다진 마늘 1/2t, 흰 후춧가루 약간, 깨소금 1/2t, 참기름 1/3t

겨자장 : 발효 겨자 1T(겨잣가루 1T, 따뜻한 물 1T), 설탕 1.5T, 식초 1.5T, 간장 1/2t, 소금 약간

고명 : 표고버섯, 석이버섯, 황, 백지단, 비늘 잣, 실고추

3가지 나물

호박나물

애호박 길이로 반 갈라 반달 모양 0.5cm 두께로 썰어 절이기 → 양념장 만들기 → 소고기 다져 양념하기 → 새우젓 다지기 → 실고추는 2cm로 썰기 → 소고기를 볶다가 호박 넣고 볶기 → 파. 마늘. 새우젓 넣고 볶기 → 깨소금, 참기름 넣어 그릇에 담고 실고추 썰어 얹기

소고기 양념장 : 간장 1t, 다진 파, 다진 마늘 약간, 후춧가루 약간, 깨소금. 참기름 약간

도라지나물

도라지 손질해 6×0.5×0.5cm 두께로 썰어 소금 넣고 주물러 물에 담가 쓴맛 빼기 → 팬에 식용유 넣고 도라지 볶다 다진 파, 다진 마늘, 물 3T 넣어 익히기 → 참기름, 깨소금 넣어 담기

시금치나물

시금치 다듬어 씻어 데치기 → 찬물에 헹궈 5cm로 썰기 → 시금치 파, 마늘, 국간장, 소금, 깨소금, 참기름 넣고 양념하여 담기

규아상

만두피 반죽해 숙성하기 → 소고기 다지고, 표고버섯 3×0.2×0.2cm로 채 썰어 양념하기 → 오이 돌려 깎아 3×0.2×0.2cm로 채 썰어 절이기 → 오이, 표고버섯, 소고기 순으로 각각 볶아 섞어 소 만들기 → 만두피 8cm로 밀어 소와 잣 넣어 해삼 모양 주름 잡고 양 끝 삼각으로 접어 6개 만들기 → 찜 솥에 7~8분 정도 찌기 → 초간장 곁들여 내기

소고기, 표고버섯 양념장 : 진간장 2t, 설탕 약간, 다진 파 1t, 다진 마늘 1/2t, 후춧가루 약간, 깨소금 1/2t, 참기름 1/2t

닭찜

닭 손질해 4~5cm 토막 내어 데치기 → 당근, 표고, 밤 준비하기 → 양념장 만들기 → 은행 볶기 → 황·백지단 부쳐 마름모꼴로 썰기 → 닭에 양념장 1/2 넣고 볶다 당근, 밤, 물 1C 넣고 끓이기 → 닭이 반쯤 익으면 표고버섯과 나머지 양념장 넣고 윤기나게 조려 담기 → 고명으로 은행, 황·백 지단 올리기

양념장 : 간장 2T, 설탕 1T, 다진 파 2t, 다진 마늘 1t, 다진 생강 1/4t, 깨소금 1/2t, 참기름 1T, 후추 약간

고명 : 은행, 황·백지단

월과채

찹쌀가루, 소금 섞어 익반죽하기 → 애호박 반 갈라 속을 파서 눈썹 모양 만들어 0.3cm 두께로 썰어 살짝 절이기 → 느타리버섯 데쳐 물기 제거 후 찢어 양념하기 → 표고버섯 5×0.3×0.3cm로 채 썰고 소고기 다져서 양념하기 → 홍고추 채 썰고, 황·백 지단 부쳐 5×0.3×0.3cm로 채썰기 → 찹쌀 전병 직사각형 6cm로 부쳐 5×0.3×0.3cm 크기로 썰기 → 애호박, 느타리버섯, 홍고추, 표고버섯, 소고기 순으로 각각 볶기 → 모든 재료를 양념(소금, 참기름, 깨소금)하여 그릇에 담아내기

느타리버섯 양념장 : 소금 약간, 참기름 1/2t

소고기, 표고버섯 양념장 : 진간장 2t, 설탕 1t, 다진 파 1t, 다진 마늘 1/2t, 후춧가루 약간, 깨소금 1/4t, 참기름 1t

모둠전

표고버섯 수분, 기둥 제거 후 유장에 재우기 → 깻잎 3장 씻어 물기 제거하기 → 호박 0.5cm 두께로 5개 썰어 소금에 절여 물기 제거하기 → 소고기 다지고, 두부 으깨 수분 제거하여 양념해 소 만들기 → 호박에 밀가루 달걀물 입혀 약한 불에서 지지기 → 표고버섯 안쪽에 밀가루 묻히고, 소 넣고 밀가루, 달걀물 묻혀 지지기 → 깻잎 안쪽에 밀가루 묻힌 후 소 얇게 펴 넣고, 반 접어 밀가루, 달걀물 입혀 약불에 지지기 → 애호박 5개, 표고전, 깻잎전 3개씩 담기

소 양념 : 소금 약간, 설탕 약간, 다진 파 1t, 다진 마늘 1/2t, 검은 후춧가루 약간, 깨소금 약간, 참기름 1t

어만두

대구 살 껍질 벗겨 폭과 길이 7×7cm 정도 포 떠 밑간(소금, 흰 후추, 생강즙) → 소고기 다지고, 표고버섯, 목이버섯 채 썰어 양념하기 → 오이 돌려 깎아 채 썰어 절여 수분 제거 → 숙주 거두절미 후 데쳐 송송 썰어 수분 제거 → 숙주 제외한 재료 각각 볶아서 식힌 후 양념하기 → 생선에 전분을 뿌리고 소 넣어 말아서 표면에 전분을 묻혀 수분 흡수시키기 → 찜 솥에 젖은 면포를 깔고 어만두 올리고 젖은 면포 덮어 약불에서 5분 정도 찌기→완성 그릇에 어만두 5개 담아내기

소고기, 표고버섯, 목이버섯 양념 : 진간장 2t, 설탕 1t, 다진 파 1t, 다진 마늘 1/2t, 후춧가루 약간, 깨소금 1/4t, 참기름 1t

소고기편채

소고기 9×8×0.2cm로 포 떠서 밑간(소금, 후춧가루) 하기 → 양파, 깻잎, 붉은 파프리카 4×0.2cm로 잘라 찬물에 담갔다가 수분 제거하기 → 무순 윗부분 4cm로 썰어 물에 담그기 → 소고기에 찹쌀가루 묻혀 지지기 → 채소 수분 제거하여 넣어 고깔 모양으로 말아 4개 만들기 → 겨자장 만들어 곁들이기

겨자장 : 발효 겨자 1T(겨잣가루 1T+물 1T), 설탕 1.5T, 식초 1.5T, 간장 약간, 소금 약간

오징어볶음

오징어 손질해 안쪽에 가로세로 0.3cm 간격으로 칼집 넣어 5×2cm로 썰고, 다리는 6cm로 썰기 → 양파 폭 1cm로 썰고 청, 홍고추, 대파 어슷하게 썰기 → 양념장 만들기 → 달군 팬에 양파를 볶다가 오징어 넣고 익으면 양념장 넣어 볶기 → 청, 홍고추, 대파 넣어 볶고 마지막 깨소금, 참기름 넣어 마무리하기

고추장 양념장 : 고추장 2T, 진간장 1t, 고춧가루 1T, 설탕 1T, 다진 파 1T, 다진 마늘 1/2T, 다진 생강 약간, 검은 후춧가루 약간

튀김

고구마 0.3cm 두께로 썰어 물에 담가 전분 제거하기 → 새우는 껍질, 내장, 물총을 제거하여 꼬리 1마디 남기고 배 쪽에 칼집 넣기 → 튀김 기름 올려놓기 → 박력분 체에 내리기 → 달걀노른자, 물, 박력분 넣고 튀김옷 만들기 → 고구마, 새우에 밀가루, 튀김옷 입혀 기름에 튀기기 → 접시에 튀김을 각각 3개씩 담고 초간장에 잣가루 얹어 내기.

초간장 양념 : 진간장 2t, 설탕 1t, 식초 1t, 잣가루 약간

어선

동태 포 떠서 밑간(생강즙, 흰 후추, 소금) 하기 → 오이, 당근 표고버섯(양념) 채 썰어 볶기 → 황·백 지단 부쳐 채썰기 → 김발 위에 젖은 면포 깔고 생선 살 조금 겹치게 깔고 전분 뿌리기 → 속 재료 얹어 지름 3cm로 둥글게 말아 찜 솥에 10분간 찌기 → 식으면 면포를 풀고 2cm 두께로 썰어 6개 담기 → 초간장 곁들이기

표고버섯 양념 : 진간장 1t, 설탕 1t, 참기름 1t

초간장 : 진간장 1T, 설탕 1/2T, 식초 1T

소고기전골

냄비에 물 4컵 붓고 소고기(사태)와 향채 넣고 끓여 면포에 걸러 진간장, 소금으로 간해 육수 만들기 → 숙주 거두절미해 데친 후 소금, 참기름 무치기 → 표고버섯, 무, 당근, 양파 5×0.5×0.5cm로 썰기 → 실파 5cm로 썰기 → 파, 마늘 다져 양념장 만들기 → 소고기(살코기) 5×0.5×0.5cm로 썰어 양념하기 → 전골냄비에 재료 돌려 담고 중앙에 소고기 얹어 육수 부어 끓이기 → 소고기 익으면 달걀 넣어 반숙으로 익히기 → 전골에 잣 얹기

향채 : 대파 1토막, 마늘 1쪽

소고기 양념장 : 간장 1t, 설탕 약간, 다진 파 1/2t, 다진 마늘 1/4t, 후춧가루, 깨소금 약간, 참기름 약간

고명 : 잣

보쌈김치

무 3×3×0.3cm 크기로 썰어 절이기 → 배춧잎 부분은 보쌈용으로 자르고, 줄기 부분은 3×3cm 크기로 썰기 → 쪽파, 미나리, 갓 3cm로 썰고, 배, 밤 편 썰기 → 굴, 낙지 소금물에 씻어 낙지는 3cm 길이로 썰어 체에 밭쳐 수분 제거 → 마늘, 생강 채 썰고 새우젓 다져 고춧가루 넣고 양념장 만들기 → 석이버섯, 대추 손질하여 채썰기 → 볼에 무, 배추 줄기 넣고 양념에 버무리다가 고명을 제외한 재료 넣고 버무리기 → 오목한 그릇에 배춧잎 깔고 버무린 재료 담기 → 국물 붓고 배춧잎 바깥쪽으로 말기 → 석이버섯 채, 대추채, 잣을 고명 올려 완성하기

고명 : 대추 1개, 잣 5알, 석이버섯 약간

양념 : 고춧가루 2T, 소금 약간, 새우젓 2t, 채 썬 마늘 2쪽, 채 썬 생강 1/3쪽

고명 : 대추 채, 석이버섯, 잣 5알

섭산삼

더덕 씻어 껍질 벗겨 길이로 갈라 소금물에 담가 쓴맛 우려내기 → 더덕 물기 제거하고 방망이로 밀고 두드려 찹쌀가루 묻히기 → 160℃에 하얗고 바싹하게 튀겨 기름 제거 후 완성 접시에 전량 담아내기

오징어순대

불린 찹쌀 수분 빼서 찜통에 면포 깔고 찌기 → 오징어 몸통 손질하고 다리 분리해 다리는 곱게 다지기 → 숙주 데쳐서 0.3cm로 다지고, 양파 0.3cm로 다져서 소금에 절여 수분 제거 → 두부 물기 제거하여 으깨기 → 청, 홍고추 0.3×3cm로 다지기 → 다진 오징어 다리와 모든 재료 넣고 소 양념하기 → 오징어 몸통 속에 밀가루 뿌리기 → 소 70% 채워 꼬치로 입구 막기 → 꼬치로 몸통에 바늘 침 주기 → 김 오른 찜통에 넣고 중불에 15분 정도 찌기 → 식힌 후 1cm로 썰어 완성 접시에 담기

소 양념 : 소금 약간, 설탕 약간, 다진 파 1T, 다진 마늘 1/2T, 후춧가루 약간, 깨소금 1/3T 참기름 1/2T

우엉잡채

우엉 6×0.2×0.2cm로 어슷하게 채 썰어 물에 담그기 → 팬에 우엉을 볶다 조림장 넣고 조려 참기름 넣기 → 양파, 풋고추, 홍고추, 당근 6×0.2×0.2cm로 채썰기 → 표고버섯, 소고기 6×0.2×0.2cm로 채 썬 후 양념장에 무치기 → 양파, 풋고추, 당근, 홍고추, 소고기, 표고버섯 순서로 각각 볶기 → 볼에 모든 재료 넣고 참기름, 깨소금 넣어 무쳐 완성 그릇에 담기

소고기, 표고버섯 양념장 : 진간장 1T, 설탕 1t, 다진 파 1/2T, 다진 마늘 1t, 후춧가루 약간, 깨소금 1t, 참기름 1t

우엉 볶음 양념장 : 간장 1T, 설탕 1t, 물엿 2T 물 1/2C

무침 양념장 : 깨소금, 참기름

제육구이

돼지고기 4.5×5.5×0.4cm(완성 크기 4×5×0.4cm)로 썰어 연육 하기 → 양념장 만들어 바르기 → 달군 석쇠에 굽기 → 완성 그릇에 8쪽 담기

고기 양념장 : 고추장 2T, 간장 1t, 설탕 1t, 참기름 1t, 깨소금 1t, 다진 파 2t, 마늘 1t, 검은 후춧가루 약간, 다진 생강 약간

매작과

생강 다져서 물과 혼합하여 체에 내려 생강즙 만들기 → 밀가루에 생강즙, 소금 넣어 반죽해 숙성하기 → 잣가루 만들기 → 설탕 4T + 물 4T 끓여 시럽 만들기 → 반죽을 밀어 5×2×0.3cm로 잘라 세 군데 칼집 넣어 가운데 뒤집어 모양 만들기 → 매작과를 120℃에 튀기다 단단해지면 170℃ 온도에 노릇하게 튀겨 기름기 제거하기 → 시럽 묻혀 완성 그릇에 담고 잣가루 뿌리기

설탕 시럽 : 설탕 4T, 물 4T

고명 : 잣가루

조리산업기사 과제현황

종목 : 한식조리산업기사

형별	과 제 내 용				시험시간
1	비빔국수	두부전골	오이선	어채	2시간
2	칼국수	구절판	사슬적	도라지정과	2시간
3	편수	오이/고추소박이	돼지갈비찜	율란/조란	2시간
4	만둣국	밀쌈	두부선	3가지 나물	2시간
5	규아상	닭찜	월과채	모둠전	2시간
6	어만두	소고기편채	오징어볶음	튀김	2시간
7	어선	소고기전골	보쌈김치	섭산삼	2시간
8	오징어순대	우엉잡채	제육구이	매작과	2시간

종목 : 양식조리산업기사

형별	과 제 내 용	시험시간
1	토마토 쿨리를 곁들인 치킨 룰라드	1시간 20분
2	타임소스를 곁들인 양갈비구이	1시간 30분
3	비가라드소스를 곁들인 오리가슴살구이	1시간 20분
4	엔초비 버터를 곁들인 소안심구이	1시간 20분
5	타임벨루테소스를 곁들인 기름에 저온 조리한 적도미	1시간 30분

종목 : 중식조리산업기사

형별	과 제 내 용			시험시간
1	삼품냉채	광동식탕수육	물만두	1시간 30분
2	산라탕	양장피잡채	빠스사과	1시간 30분
3	쇼마이	피망돼지고기볶음	깐소새우	1시간 30분
4	면보햐	팔보채	궁보계정	1시간 30분
5	라조육	짜춘권	류산슬	1시간 30분

종목 : 일식조리산업기사

형별	과 제 내 용			시험시간
1	튀김덮밥	도미냄비	삼색갱	1시간 40분
2	닭양념튀김	모둠냄비	삼색갱	1시간 40분
3	광어회	소고기양념튀김	고등어간장구이	1시간 40분
4	된장국	꼬치냄비	모둠튀김	1시간 40분
5	광어회	튀김우동	달걀말이	1시간 40분

종목 : 복어조리산업기사

형별	과 제 내 용			시험시간
1	복어회	복어맑은탕	복껍질굳힘(니꼬고리)	1시간 30분

참고문헌

김덕희 외, 조리기능장 한식실기, 백산출판사, 2013년
신미혜 외, 한국의 전통음식, 백산출판사, 2006년
(사)한국전통음식연구소, 아름다운 한국음식 300선, 한림출판사, 2008년
(사)한국전통음식연구소, 아름다운 한국음식 100선, 한림출판사, 2007년
한희순 외, 조선왕조 궁중음식, 사단법인 궁중음식연구원, 2016년
황혜성, 황혜성의 궁중음식, 사단법인 궁중음식연구원, 2001년
황혜성 외, 한국의 전통음식, 교문사, 2000년
천덕상 외, 한국음식의 맛, 백산출판사, 2016년
정순영 외, 고급한국전통음식, 백산출판사, 2013년

인터넷
네이버 지식백과, 두산백과사전, 한국민족문화대백과사전

저자 프로필

· 임인숙 ·

조리과학 석사

자격증
조리기능장 외 다수

경력
현 : 중부여성 발전센터 조리과 강사
현 : 조리기능장, 조리산업기사 시험 감독위원
현 : 한식, 양식, 중식, 일식, 복어 조리 기능사 시험 감독위원
현 : 조리기능장 한식인터넷 강의메뉴 136가지(경록출판사)
현 : 조리기능장 복어 강의 메뉴 8가지(경록출판사)
현 : 조리기능장 중식 강의 메뉴 60가지(경록출판사)
전 : 백석문화대학 외래교수
전 : 성신여자대학 외래교수
sbs kbs Ebs 방송 다수 출연

수상이력
2017년 국회의장상
2018년 농림축산식품부장관상 다수

저서
천연조미료와 스마트저염식으로 만드는 어린이식단(크라운출판사)
한국전통음식의맛 (조리기능장 실기) (경록출판사)
한식조리기능사, EBS한식조리산업기사 실기(경록출판사)
한식조리기능사 필기(경록출판사) 외 다수

· 최미숙 ·

도서관학과 학사
조선이공대학교 전통발효식품 아카데미 평생교육과정이수

자격증
조리기능사(한식, 중식, 일식, 양식, 복어, 떡제조)
발효장류 1급 지도사 자격증
자연발효식초 1급 지도사 자격증
전통주 소믈리에 1급 자격증
티소믈리에 1급 자격증
바리스타 2급 자격증
아동요리 2급 자격증 외 다수 자격증 보유

경력
북부여성발전센터 강의
용산구 후암동 주민센터 강의
중계사회종합복지관 강사

수상이력
2017년 보건복지부 장관상
2017년 식품의약품안전처장
2018년 농림축산식품부 장관상
2019년 광주김치경연대회 최우수상(농림축산식품부 장관상)
2019년 월드 푸드 챔피온 십 특화요리부문 은상 수상
2020년 남도 전통 발효 차문화 콘테스트 금상 수상
2020년 남도 전통 발효차 전시 콘테스트 장려상 수상

저서
한식조리기능사, EBS한식조리산업기사(경록출판사)

저자 프로필

• 임정숙 •

숙명여자대학원 전통식생활문화 석사
광운대학교 실감융합콘텐츠 (조리외식전공) 박사

자격증
조리기능장
직업훈련교사 2급
조리산업기사(한식, 복어)
조리기능사(한식, 중식, 일식, 양식, 복어, 떡제조)
한식해설사
커피바리스타 2급
방과후지도사
아동요리지도사
쿠킹아트지도사
케이크데코레이션 1·2급
식생활지도사
약용식물자원관리사
발효효소 교육지도사

경 력
광운대학교 정보과학원 외래교수
전)서울종합예술학교 강사
전)서울시중부기술교육원 강사
전)서대문체육문화회관 강사
전)용산 꿈나무센타 강사

수상이력
한국식문화대회 은상
한국음식융합부문 우수상
식품의약품안전처장상
농림축산식품부 장관상
수원전국요리 라이브 우수상

저 서
한식조리기능사 필기(경록출판사)

• 전언희 •

호텔관광외식경영학 석사

자격증
조리기능장
조리기능사(한식, 양식, 일식, 중식, 복어, 떡제조)
제과제빵기능사
떡제조기능사
케이크디자이너
커피바리스타1,2급

경 력
하남시 종합사회복지관 요리강사
송파구청 문정요리교실 요리강사
선사고등학교 방과후 강사

수상이력
2016   제4회 한식의 날 기념 한국식문화대축제 은상
2017   식품의약품안전처장
2018   농림축산식품부 장관상

저 서
한식조리기능사, EBS한식조리산업기사(경록출판사)

MEMO